Das Kochbuch aus Wien

gesammelt, aufgeschrieben und ausprobiert
von

Berti Schwarzbach

verlegt von

Wolfgang Hölker

ISBN 3-88117-053-7

D-4400 Münster, Martinistraße 2

Printed in Germany by Druckhaus Cramer, Greven
Imprimé en Allemagne
Musterschutz angemeldet beim Amtsgericht Münster
Buchbinderische Verarbeitung: Klemme, Bielefeld

Inhalt

fig. 1	**Suppen**	12– 26
fig. 2	**Kleine Gerichte**	30– 49
fig. 3	**Fisch und Fleisch**	54– 67
fig. 4	**Wild und Geflügel**	72– 78
fig. 5	**Gemüse**	82– 86
fig. 6	**Beilagen**	90– 93
fig. 7	**Saucen**	98–101
fig. 8	**Salate**	106–107
fig. 9	**Mehl- und Süßspeisen**	112–140
fig. 10	**Anhang**	144–146
	Inhalt	152–157

Vorwort

Liebe Leser,

Das Kochbuch aus Wien soll Ihnen einen Einblick in die »Wiener Küche« vermitteln. Wundern Sie sich bitte nicht, wenn Sie vom ungarischen Gulyás (Gulasch), von böhmischen Knödeln oder von Dalken lesen.

Sicher fragen Sie sich: Wieso dies in einem Wiener Kochbuch? Die Erklärung ist leicht zu finden; war doch Wien ein Schmelztiegel vieler Nationen, und die österreichisch-ungarische Monarchie umfaßte bis zum 1. Weltkrieg 52 Millionen Menschen mit 16 verschiedenen Sprachen. Fast in jedem großen Wiener Haushalt beschäftigte man Köchinnen, die aus Böhmen, Ungarn oder vom Balkan stammten. Diese »Koch-Künstlerinnen« bekamen von den Eltern die Rezepte als Mitgift auf den Weg. Sie wurden mit der Zeit verfeinert, zum Teil abgewandelt, mit Bodenständigem vermischt. Daraus ergab sich im Laufe der Zeit die Grundlage zur heutigen Wiener Küche.

Daß Österreich eine traditionsreiche Koch-Geschichte vorweisen kann, ermißt man, wenn man sich ein handgeschriebenes Kochbuch aus dem Jahre 1500 in der Wiener Nationalbibliothek anschaut. Trotzdem will ich Sie nicht mit allzu Geschichtlichem langweilen, vielmehr soll jeder für die Wiener Küche begeistert werden.

Der Wiener lebt und stirbt für ein gutes Papperl (Essen) und bevorzugt dabei besonders kräftige Hausmannskost. Im nachfolgenden Gedicht von Josef Weinheber lernen Sie den Wiener etwas kennen – auf jeden Fall, was das Papperl betrifft.

Der Phäake

Ich hab sonst nix, drum hab ich gern
ein gutes Papperl, liebe Herrn:
Zum Gabelfrühstück gönn ich mir
ein Tellerfleisch, ein Krügerl Bier,

schieb an und ab ein Gollasch ein,
(kann freilich auch ein Bruckfleisch sein)
ein saftiges Beinfleisch, nicht zu fett,
sonst hat man zu Mittag sein Gfrett.
Dann mach ich – es is eh nicht lang
mehr auf Mittag – mein' Gesundheitsgang,
geh übern Grabn, den Kohlmarkt aus
ins Michaeler Bierwirtshaus.
Ein Hühnersupperl, tadellos,
ein Beefsteak in Madeirasoss,
ein Schweinspörkelt, ein Rehragout,
Omletts mit Champion dazu,
hernach ein bisserl Kipfelkoch
und allenfalls ein Torterl noch,
zwei Seidel Göss – zum Trinken mag
ich nicht viel nehmen zu Mittag –
ein Flascherl Gumpolds, nicht zu kalt,
und drei, vier Glaserl Wermuth kalt.
Damit ichs recht verdauen kann,
zünd ich mir mein Trabukerl an
und lehn mich z'rück und schau in d' Höh,
bevor ich mein' Schwarzen geh.
Wann ich dann heimkomm, will ich Ruh,
weil ich ein Randerl schlafen tu,
damit ich mich, von zwei bis vier,
die Decken über, rekreier'.
Zur Jausen geh ich in die Stadt
und schau, wer schöne Stelzen hat,
ein kaltes Ganserl, jung und frisch,
ein Alzerl Käs, ein Stückl Fisch,
weil ich so früh am Nachmittag
nicht schon was Warmes essen mag.
Am Abend, muß ich Ihnen sagn,
eß ich gern leicht, wegn meinen Magn,
Hirn in Aspik, Kalbsfrikassee,
ein kleines Züngerl mit Püree,
Faschierts und hin und wieder wohl
zum Selchfleisch Kraut, zum Rumpsteak Kohl,

erst später dann, beim Wein zur Not,
ein nett garniertes Butterbrot.
Glaubn S' nicht, ich könnt ein Fresser wern,
ich hab sonst nix, drum leb ich gern
kein Haus, kein Auto, nicht einmal
ein G'wehr im Überrumplungsfall.
Wenn nicht das bisserl Essen wär –
(Stimme des Volkes:)
Segn S', deswegen ham S' nix, liaber Herr!
(Josef Weinheber)

Dieses in Mundart gehaltene Gedicht drückt gewiß die Mentalität des Wieners aus. Zum Schluß möchte ich Sie noch mit einer Person bekannt machen, die wohl jeder Wiener kennt. Es ist der Wiener »Häferlgucker«, der im Jahre 1683 bekannt wurde. Das war nach dem letzten Türkenansturm, als sich das barocke Leben in seiner ganzen Pracht entfalten konnte. Der Luxus bei üppigen Essen, prachtvollen Kleidern wurde so überschwenglich, daß Kaiser Leopold sich veranlaßt sah, seine Untertanen in fünf verschiedene Klassen einzuteilen. Es wurde für jede Klasse bestimmt, welche Kleider getragen werden durften, wie groß der Hausrat sein konnte – und welche Speisen gekocht werden durften. Damit die kaiserliche Verordnung auch tatsächlich eingehalten wurde, bestellte der Kaiser amtliche Kontrollorgane, welche die Aufgabe hatten, den Hausfrauen in die Töpfe zu sehen (gucken). Diese Kontrolleure wurden im Volksmund die »Häferlgucker« genannt.

Nun aber liebe Leser wünsche ich Ihnen für die folgenden Rezepte Mut, Fantasie und gutes Gelingen – vor allem aber einen guten Appetit.

Ihre

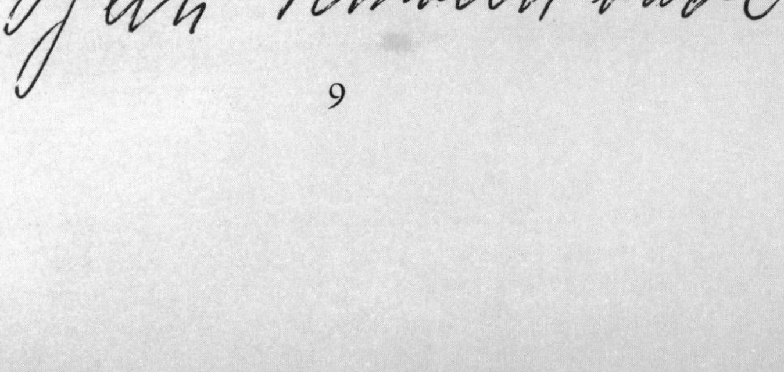

fig. 1

Suppen

Österreich ist das Suppenland schlechthin. Die Rindsuppe ist die klassische Suppe der Wiener Küche.

Klare Fleischbrühen

Weiße Rindsuppe

8 Portionen

1 kg Rindfleisch (saftig) mit Zuwaage, 3 l Wasser, Wurzelwerk, 1 Zwiebel, 1 aufgerissenen Paradeiser, 1 kleine Knoblauchzehe, 30 g Leber und Milz, Salz, Pfefferkörner, Muskat.

Die Knochen waschen, in kochendes Wasser geben, einige Minuten darin kochen, dann abseihen und mit kaltem Wasser abschwemmen. Das Rindfleisch im ganzen mit einem in heißes Wasser getauchten Leinentuch abwaschen. Dann erst Knochen, Fleisch und die Gewürzzutaten sowie Leber und Milz in dem kalten Wasser zusetzen. Das Wasser langsam zum Kochen bringen. Die Zwiebeln, das Wurzelwerk und das Suppengrün beigeben. Langsam kochen lassen. Das Wasser soll immer nur von einer Seite her aufwallen, damit sich der Schaum, der sich bildet, setzen kann. Der sich bildende graue Schaum soll nicht abgeschöpft werden, da er wertvolles Eiweiß enthält, welches gleichzeitig die Suppe von selbst klärt. Sobald das Fleisch weich ist, wird es herausgenommen und anderweitig verwendet, weil es ausgekocht ist. Ein vorbereitetes Passiertuch bestäubt man ein wenig mit Muskat und seiht die Suppe langsam durch. Das gekochte Rindfleisch wir am besten zu Rindfleischsalat oder Haschees verwendet.

Gibt Kraft
und macht
schlank.

Braune Rindsuppe

6–8 Portionen

1 kg Rindfleisch im ganzen, ca. 250 g Rindsknochen, 2–3 l kaltes Wasser, 40 g Fett, 40 g Rindsleber, 30 g Milz, Wurzelwerk, grobwürfelig geschnitten, 1 Zwiebel, Salz, 6 Pfefferkörner, evtl. 1 Neugewürzkorn, Muskat.

Die gewaschenen Knochen in heißes Wasser geben, kurz überkochen, abseihen und mit kaltem Wasser abschwemmen. Dann mit kleingeschnittener Leber, Milz sowie dem Wurzelwerk in heißem Fett anrösten. Sobald alles Färbung angenommen hat, die Zwiebel beigeben. Alles hellbraun rösten, dann mit kaltem Wasser aufgießen. Das Fleisch im ganzen mit den Gewürzen beigeben. Alles langsam kochen bzw. wallen lassen. Den Schaum nicht abschöpfen. Wenn das Fleisch weich ist, herausnehmen, die Suppe durch ein Passiertuch, auf das Muskat gerieben wurde, seihen. Auch hier ist das gekochte Rindfleisch nur zu Salaten etc. zu verwenden. Es können in dieser dunklen Rindsuppe auch Paprikaschoten, Paradeiser, Knoblauch und ein Kohlblatt mitgekocht werden.

Rindsuppe mit Mahlprodukten

Rindsuppe mit Grieß

4 Portionen

1 1/4 l weiße Rindsuppe, 6 dkg Weizengrieß.

Der Grieß muß in die abgeseihte kochende Rindsuppe unter beständigem Rühren eingegossen und ca. 10 Minuten gekocht werden.

Rindsuppe mit Teigeinlagen

Rindsuppe mit Tropfteig

8 Portionen

2 1/2 l braune Rindsuppe, Tropfteig: 1 Ei, ungefähr 5 dkg Mehl, 2–3 Eßlöffel Wasser oder Milch.

Ei, Mehl und Wasser werden sehr gut verquirlt. Entweder mittels der Schale oder eines kleinen Trichters in die kochende Rindsuppe eingetropft, wobei man die Schale oder den Trichter möglichst hoch hält und immer hin und her schwenkt. Man läßt das Eingetropfte nur ein Mal aufkochen. Vor dem Auftragen ein wenig geschnittenen Schnittlauch beifügen.

Peppel's Lieblingssuppe

Rindsuppe mit Nockerln

Rindsuppe mit Marknockerl

4 Portionen

$1\,{}^1/_4$ l braune Rindsuppe, Marknockerl: 5 dkg Rindsmark, 1 Semmel, 1 Ei, Salz, Petersiliengrün, 3 dkg Semmelbrösel, Salzwasser.

Geschmolzenes, und wieder erstarrtes Mark wird flaumig gerührt, mit Eiern, entrindeter, in Wasser erweichter, ausgedrückter, passierter Semmel, Salz, feingehackter, in Butter angerösteter Petersilie und Semmelbrösel vermengt. Nach ca. halbstündigem Rasten formt man aus diesem Gemenge mit einem kleinen Löffel Nockerl, die man in kochendes Salzwasser einlegt, zwei Minuten aufkochen und noch ca. 10 Minuten zugedeckt ziehen läßt. Man faßt sie mit einem Sieblöffel heraus, legt sie in den Suppentopf ein und gießt darauf die braune Rindsuppe darüber.

Bemerkung: Sollte die Masse zu weich sein, müssen noch 2–3 dkg Brösel daruntergerührt werden.

Rindsuppe mit Bröselknödel

8 Portionen

2 $^1/_2$ l braune Rindsuppe, Bröselknödel: 4 dkg Butter, 1 Ei, Petersiliengrün, 2 Semmeln, Salz, Muskat, 4 dkg Semmelbrösel, Salzwasser.

Die flaumig gerührte Butter wird mit Ei, gehackter Petersilie, in Wasser erweichten und ausgedrückten Semmeln, Salz und Semmelbrösel verrührt. Aus diesem Gemenge, das man $^1/_4$ Stunde stehen läßt, werden kleine Knödel geformt, die man 5 Minuten in Salzwasser kocht, mit einem Sieblöffel herausnimmt und in die kochende Suppe einlegt.

Rindsuppe mit Speckgrießknödel

8 Portionen

2 $^1/_2$ l braune Rindsuppe. Speckgrießknödel: 6 dkg Speck, $^1/_4$ l Milch, 12 dkg Weizengrieß, 1 Ei, Salz, Salzwasser.

Der kleinwürfelig geschnittene Speck wird in einer Kasserolle goldgelb geröstet und dann mit Milch aufgegossen. Sobald die Milch kocht, mengt man den Grieß hinein, den man auf dem Herde so lange mit der Milch rührt, bis eine sehr dicke Masse entsteht, die sich vom Löffel löst. Dann entfernt man sie zum Erkalten vom Herde. Die erkaltete Masse wird mit dem Ei vermengt, gesalzen, zu kleinen Knödeln geformt, die man 5 Minuten in gesalzenem, siedendem Wasser zugedeckt kocht, unmittelbar vor dem Auftragen in den Suppentopf einlegt und mit der Rindsuppe übergießt.

Rindsuppe mit Schöberln
Rindsuppe mit Kohlschöberln

8 Portionen

Suppe: 2 $^1/_2$ l braune Rindsuppe; Kohlschöberl: 5 dkg Butter, 3 Dotter, 3 Semmeln, 20 dkg Kohl, 15 dkg Selchfleisch, 2 dkg Butter, 1 dkg Zwiebel, Petersiliengrün, Salz und Pfeffer, Klar von 3 Eiern, Butter und Mehl für die Springform.

Flaumig gerührte Butter wird mit Dotter, in Milch erweichten, ausgedrückten Semmeln, kleinwürfelig geschnittenem, gekochtem Selchfleisch und nudelig geschnittenem, in Butter mit feingehackten Zwiebeln und Petersilie gedünstetem Kohl, Salz, Pfef-

ein klassisches Wiener „Sonntagssuppel"

fer und dem festen Schnee des Eiklars vermengt. Dieses Gemenge wird in einer befetteten, bemehlten Springform gebacken und in Würfel geschnitten. Die Würfel sollen nicht zu klein sein.

Am schönsten: schräg geschnitten

Rindsuppe mit Milzschöberln

8 Portionen

Suppe: 2 1/2 l braune Rindsuppe; Milzschöberl: 8 dkg Butter, 3 Dotter, 15 dkg Milz, 2 Semmeln, 1 dkg Zwiebeln, Petersiliengrün, 1 dkg Fett, Salz, Pfeffer, Majoran, Klar von 3 Eiern, Butter und Mehl für die Form.

Flaumig gerührte Butter wird mit den Dottern, geschabter, passierter Milz, in Wasser erweichten, ausgedrückten, passierten Semmeln, fein geschnittenen, in Fett angerösteten Zwiebeln, Petersilie, Salz, Pfeffer, einer Brise Majoran und dem steifen Schnee des Eiklars vermengt. Die Masse in einer befetteten, bemehlten Springform gebacken und in Würfel geschnitten.

Rindsuppe mit Schinkenschöberln

8 Portionen

Suppe: 2 1/2 l braune Rindsuppe
Schinkenschöberl: 7 dkB Butter, 3 Semmeln, 1/8 l Milch, 3 Dotter, 10 dkg Selchfleisch, Salz, Klar von 3 Eiern, Butter und Mehl für die Form.

In flaumig gerührte Butter werden Dotter, entrindete, in Milch geweichte, ausgedrückte, passierte Semmeln, gehacktes Selchfleisch, Salz und Schnee eingerührt. Man bäckt die Masse in befetteter, bemehlter Springform.

Rindsuppe mit Paradiesäpfeldunstkoch

8 Portionen

2 1/2 l braune Rindsuppe
Paradiesäpfeldunstkoch: 1/8 l Milch, 3 Dotter, 1 Ei, Salz, 5 dkg Paradiesäpfelmark, Butter und Mehl für die Form.

Milch wird mit Dotter, Ei und Salz abgesprudelt und Paradiesäpfelmark vermengt. Man füllt die Masse in ausgestrichene, bemehlte Dunstkochformen und kocht sie 3/4 Stunden langsam in Dunst. Das fertige Dunstkoch wird gestürzt, erkaltet in Scheiben geschnitten und dazu die Rindsuppe gereicht.

Rindsuppe mit Lungenstrudel

4 Portionen

1 1/2 l braune Rindsuppe, 1/4 kg Mehl, 10 dkg Butter, 1 EL. Öl, 1/2 kg Lunge, Zwiebel, Petersilie, Salz, Majoran, Pfeffer.

Mehl, Öl und gesalzenes Wasser zu einem weichen Strudelteig verarbeiten. Solange kneten, bis er glatt ist und sich von der Hand löst. Den Teig zu einer Kugel formen, mit Öl bestreichen und unter einem erwärmten Geschirr etwa 30 Minuten rasten lassen. Auf ein bemehltes Tuch legen, etwas ausrollen, mit zerlassener Butter bestreichen und ausziehen, bis er durchsichtig ist. Den dicken Teigrand abschneiden. Feingehackte, gekochte Lunge mit Zwiebel und Petersilie in Butter anrösten, auf 3 Viertel des Strudelteiges verteilen. Den Strudel einrollen und mit Kochlöffelstiel in fingerlange Stücke abtrennen. Die Strudelstücke in Salzwasser kochen und in der braunen Rindsuppe servieren.

Ach ja - es ist halt
immer so -
gute Sachen geben
viel Arbeit.
Tip für Faule:
einen fertigen Strudelteig kaufen.

Rindsuppe mit Leberreis

8 Portionen

Suppe: 2 ½ l weiße Rindsuppe
Leberreis: 15 dkg Rindsleber und Milz, 2 Semmeln, 1 Ei, Majoran, Salz und Pfeffer, 2 dkg Zwiebel, Petersiliengrün, 6 dkg Fett, 6 dkg Brösel.

Leber und Milz werden faschiert und mit geweichten, ausgedrückten Semmeln passiert. In Fett angeröstete Zwiebeln und grüne Petersilie, Ei, Salz, Pfeffer und Majoran werden mit dem Passiertem vermengt und die Masse mit Bröseln gefestigt. Das Gemenge wird durch ein verkehrt gehaltenes grobes Reibeisen in die kochende Suppe gedrückt, aufkochen gelassen und hernach zur klaren Suppe gegeben.

Rindsuppe mit Parmesanreis

8 Portionen

2 ½ l braune Rindsuppe, 8 dkg Butter, 2 Eier, 10 dkg Parmesan, 6 dkg Semmelbrösel, Salz.

Man treibt Butter ab, rührt die Eier, den geriebenen Parmesan, Brösel und Salz ein und drückt die Masse durch ein umgekehrtes Reibeisen in die abgeseihte kochende Rindsuppe, in welcher man sie höchstens 2–3 Minuten kochen läßt.

Omi's Gesundheits-supperl

Klare Geflügelsuppe

8 Portionen

1 Suppenhuhn, 2–3 l kaltes Wasser, Wurzelwerk und Suppengrün, 1 kleine Zwiebel samt Schale, halbiert, Salz, Schnittlauch oder Petersiliengrün.

Das ausgenommene, geputzte und gewaschene Huhn ungeteilt mit dem Wurzelwerk im ganzen und dem Suppengrün sowie der Zwiebel in leicht gesalzenem, kaltem Wasser ansetzen und sehr langsam 2–3 Stunden kochen. Sobald das Fleisch gar ist, die

Suppe seihen. In die Suppe gibt man das geteilte und abgehäutete Hühnerfleisch und feine Suppennudeln. Mit Schnittlauch oder Petersilie bestreuen.

Dr. Zeisels Rezept, wenn Hansel und Florian krank waren

Gebundene Fleisch- und Knochensuppen

Kalbsschwanzsuppe

8 Portionen

75 dkg Kalbsschwanz, 3 1/2 l Wasser, Salz, Einmach: 10 dkg Butter, 10 dkg Mehl, Petersiliengrün, Salz, Pfeffer, Kalbssud.

Von dem gekochten Kalbsschwanz wird das Fleisch abgelöst und geschnitten. In eine lichte Einmach wird feingehackte Petersilie aufgeschäumt, hierauf mit dem geseihten Kalbssud aufgegossen, gut verkocht, gesalzen und gepfeffert. Als Einlage verwendet man das geschnittene Fleisch und in Salzwasser gekochte Bröselknödel (siehe Rezept).

Gulaschsuppe

8 Portionen

10 dkg Fett, 25 dkg Zwiebeln, 1/2 dkg Paprika, 2 EL Essig, 1/2 kg Rindfleisch, Salz, 1 Brise Kümmel, Majoran, 1 kleine Knoblauchzehe, 5 dkg Mehl, 2 1/2 l Wasser, 20 dkg Kartoffeln.

In heißem Fett werden ringelig geschnittene Zwiebeln gelb geröstet, dann gibt man Paprika und Essig, das kleinwürfelig geschnittene Fleisch, Salz, Kümmel, Majoran, die zerdrückte Knoblauchzehe und etwas Wasser dazu. Sobald das Fleisch weich ist und der Saft klar geworden ist, wird gestaubt, nach Anrösten des Mehles aufgegossen und verkocht. Kartoffeln werden geschält, würfelig geschnitten, in die Suppe gegeben und darin weich gekocht.

Bemerkung: Sollte die Suppe zuwenig Farbe haben, läßt man noch etwas Paprika in Fett aufschäumen, vergießt es mit etwas Wasser und mengt es der Suppe bei.

Mit einem Krügerl Bier und einem reschen Semmel das Richtige zur Mitternacht !!

Hühnereinmachsuppe

8 Portionen

Hühnerklein von 2–3 Hühnern, 4 dkg Petersilwurzel, 4 dkg gelbe Rübe, 3 dkg Selleriewurzel, Zwiebel, Pfefferkörner, 2 1/2 l Salzwasser, 2 1/2 dkg Fett für die Leber.
Einmach: 10 dkg Butter, 10 dkg Mehl, Petersiliengrün.

Das geputzte Hühnerklein (Junges), dies ist Hals, Herz, Magen, Füße, Flügel, wird mit Wurzelwerk, Zwiebel und Pfefferkörnern in Salzwasser oder Suppe gekocht. Mit diesem Sud gießt man eine lichte Einmach auf, gibt Petersilie hinein und läßt dies gut verkochen, gibt als Einlage den blättrig geschnittenen Magen, das abgelöste Hühnerfleisch und die in Fett gebratene, geschnittene Hühnerleber hinein. Man kann die Suppe mit gedünsteten Champignons und gekochten Karfiolröschen verbessern und Bröselknödel hineingeben.

Suppen mit Fisch

sehr pikant!

Fischbeuschelsuppe vom Karpfen

8 Portionen

1 Fischbeuschel, Kopf, Gräten, Rogen, 3 l Salzwasser, 6 Pfefferkörner, 10 dkg Fett, 1/4 Selleriewurzel, 1/2 gelbe Rübe, 1/2 Zwiebel, Lorbeerblatt und Thymian, Petersilwurzel, 8 dkg Mehl, 1/8 l saurer Rahm, 1/8 l Rotwein.

Die Fischstücke, ohne die Fischblase, Galle und Gedärme, werden in Salzwasser mit Essig und Pfefferkörnern gekocht, dann läßt man Fett, geriebenes (am Krenreißer) Wurzelwerk, hierauf feingehackte Zwiebel nach dem Gelbwerden, Mehl braunrösten, gießt mit dem Fischsud auf, gibt die Gewürze und Rotwein hinzu und läßt dies gut verkochen. Hierauf wird die Suppe passiert und vor dem Auftragen wird das gekochte, kleingeschnittene Beuschel, der Rogen und Rahm hineingegeben. Den Rogen mit einer Gabel zerdrücken und mit der Schneerute zerschlagen.

Vegetabilische Suppen

Kräutersuppe

8 Portionen

20 dkg Kerbelkraut, 3 dkg Fett oder Butter, 2 dkg Zwiebel, Petersiliengrün;
Einmach: 10 dkg Butter, 10 dkg Mehl, 2 ½ l Wasser, Salz und Pfeffer, ⅛ l saurer Rahm, 1 Kaffeelöffel Zitronensaft, 2 Semmeln.

Kerbelkraut wird gewaschen. Hierauf läßt man in Butter zunächst feingehackte Zwiebel und Petersilie anrösten und läßt die geschnittenen Kräuter darin dämpfen. Sobald sie weich sind, werden sie passiert oder im Mixer zerrieben, in eine lichte Einmach gemischt und mit Wasser aufgegossen. Die Suppe wird gesalzen, gepfeffert, gut verkocht und mit saurem Rahm und Zitronensaft vermischt. Als Beilage reicht man geröstete Semmelwürfel. Die Suppe wird vollmundender und nahrhafter durch Bindung mit 2 Eidottern. Man kann sie noch durch einen halben Bouillonwürfel verbessern.

Knoblauchsuppe

8 Portionen

3 dkg Knoblauch, 10 dkg Zwiebel, 4 dkg Fett, 2½ l Salzwasser, Brotschnitten.

Feingehackter oder zerdrückter Knoblauch und gehackte Zwiebeln werden in Fett goldgelb angeröstet und mit siedendem Salzwasser aufgegossen. Zur Verbesserung der Suppe kann man einen Bouillonwürfel geben. Man richtet die Suppe über Brot oder gebähten Semmelschnitten an.

Nach dem Geruch finden wir uns auch im Dunklen.

Zwiebelpüreesuppe

4 Portionen

350 g Zwiebel, 40 g Butter, Petersilie, 40 g Mehl, 1 1/4 l Kalbsknochensuppe, Salz, Wasser, Pfeffer, 1/8 l Obers, 20 g Butter.

Die in Streifen geschnittenen Zwiebeln in kochendem Wasser kurz blanchieren und abseihen. Butter aufschäumen und darin die Zwiebeln und die gehackte Petersilie dünsten. Mit Mehl stauben, anrösten und mit Suppe aufgießen. Eine halbe Stunde kochen. Das Ganze passieren, oder im Mixer pürieren, mit Salz, weißem Pfeffer abschmecken. Mit Obers und Butter vollenden. Man reicht dazu gebähte Semmelwürfel.

Blumenkohlsuppe

8 Portionen

1 große Rose Blumenkohl,
Einmach: 8 dkg Butter, 10 dkg Mehl, 2 1/2 l Wasser, Salz, 2 Semmeln.

Der Karfiol wird in Salzwasser nicht allzuweich gekocht und dann in kleine Röschen geteilt. Die hübschen Röschen werden in kaltem Wasser aufbewahrt. Der andere Teil und der Strunk passiert oder im Mixer püriert. Der passierte Karfiol wird in eine lichte Buttereinmach gemischt, mit dem Karfiolwasser aufgegossen und gesalzen, gut verkocht und vor dem Anrichten die restlichen Karfiolröschen hinzugefügt. Einlage: gebähte Semmelschnitten oder Bröselknödel. Verbessern kann man die Suppe durch Hinzufügen eines Bouillonwürfels.

Sehr entwässernd!

Spargelsuppe

8 Portionen

1/2 kg Suppenspargel, Salzwasser, 10 dkg Butter, 10 dkg Mehl, 2 1/2 l Spargelsud oder Rindsuppe, Salz, Semmeln.

Den Spargel waschen, putzen, schälen, in kurze Stücke schneiden und in Wasser mit etwas Zucker und Salz weichkochen. Dann den Spargel abtropfen lassen, die Spitzen abschneiden und als Einlage beiseite stellen. Eine Einmach wird mit dem Spargelsud aufgegossen, gesalzen und gut verkocht. Als Einlage verwendet man die abgeschnittenen Spargelköpfe. Man kann die Suppe mit Obers und Eidotter legieren. Als Einlage können auch Bröselknödel gereicht werden.

Paradiesäpfelsuppe (Paradeissuppe)

8 Portionen

4 dkg Fett, 1 dkg Zwiebel, Petersiliengrün, 5 dkg Wurzelwerk, 3/4 kg Paradiesäpfel,
Einmach: 6 dkg Butter, 7 dkg Mehl, 2 1/2 l Wasser, Salz, Zucker nach Geschmack, 1/16 l Rotwein, Zitronensaft oder Essig.

Man röstet blättrig geschnittenes Wurzelwerk sowie feingehackte Zwiebel und Petersilie in Fett an, gibt gewaschene, zerschnittene Paradiesäpfel dazu, läßt sie weichdämpfen und passiert sie durch ein Sieb. Hierauf macht man eine lichte Einmach, gibt das Passierte dazu, gießt mit Wasser auf und läßt sie verkochen. Dann fügt man Rotwein hinzu, salzt die Suppe und würzt nach Geschmack mit etwas Zucker und Zitronensaft oder Essig. Als Einlage kann man gekochte Makkaroni verwenden.

Schwammerlsuppe

4 Portionen

1/2 kg Pilze (Eierschwämme, Herrenpilze, Champignons), 3 dkg Butter, 3 dkg Mehl, 1 kl. Zwiebel, Salz, Pfeffer, Zitronensaft, 1 1/4 l Suppe, 1/16 l Obers, 2 dkg Butter, Petersilie.

Die feingeschnittene Zwiebel und die gereinigten, kleinblättrig geschnittenen Pilze in erhitzter Butter anlaufen lassen, mit Mehl stauben, durchrösten, mit Wasser aufgießen, indem man zur

Verbesserung einen Bouillonwürfel aufkochen läßt. Gut verkochen lassen, würzen und mit Obers und Butter verbessern. Mit gehackter Petersilie bestreuen. Man kann anstelle von Obers auch Sauerrahm verwenden.

Porreesuppe

4 Portionen

4–6 Stangen Porree, 4 dkg Butter, 1 Zwiebel, 3 dkg Mehl, 1 $^{1}/_{4}$ l Rindsuppe, Salz, Pfeffer, Muskat, 20–30 dkg Kartoffeln, $^{1}/_{16}$ l Obers, 1 Eidotter, 1 nußgroßes Stück Butter, Petersilie.

Die Porreestangen sauber putzen, halbieren, waschen und feinnudelig schneiden. In erhitzter Butter feingeschnittene Zwiebel anlaufen lassen, den Porree beigeben und dünsten, mit Mehl stauben, gut anrösten, mit der Suppe aufgießen und den Porree weichkochen. Vor dem Garwerden die rohen, feingeriebenen Kartoffeln beigeben und damit die Suppe binden. Mit den Gewürzen abschmecken. Zum Schluß mit Obers und Butter legieren. Mit gehackter Petersilie bestreuen.

Kartoffelbreisuppe

8 Portionen

*$^{3}/_{4}$ kg Kartoffeln, 1 $^{1}/_{4}$ l Salzwasser,
Einbrenn: 5 dkg Fett, 4 dkg Mehl, 1 Brise Majoran,
2 $^{1}/_{4}$ l Wasser, 20 dkg Kartoffeln, Salzwasser.*

Geschälte, geviertelte Kartoffeln werden in Salzwasser zu einem Brei verkocht. In eine lichte Einbrenn eingerührt, mit Majoran gewürzt, mit Wasser und Kartoffelsud aufgegossen und gut verkocht. Als Einlage werden gewürfelte, in Salzwasser gekochte Kartoffeln gegeben.

Wenn Wirtschafts-
geld ausgeht, - so gibt's
keine günstigere Suppe

Kartoffelsuppe mit Rahm

8 Portionen

Einbrenn: 8 dkg Fett, 8 dkg Mehl, 2 dkg Zwiebeln, Petersiliengrün, 2 1/2 l Wasser, Salz, Pfeffer, Majoran, 1/4 l Rahm, 1/2 kg Kartoffeln, Salzwasser.

In einer lichtbraunen Einbrenn werden feingeschnittene Zwiebeln und ein wenig feingehackte Petersilie geröstet. Dann gießt man mit Kartoffelsud auf, läßt die Suppe gut verkochen, gibt Salz und Pfeffer, Majoran und kleinwürfelig geschnittene und in Salzwasser gekochte Kartoffeln hinein. Eine Viertelstunde vor dem Anrichten gibt man den Rahm in die Suppe und läßt sie noch verkochen.

Weiße Bohnenbreisuppe

Guten Appetit!

8 Portionen

16 dkg weiße Bohnen, 1 l Wasser, 3 dkg Fett, 3 dkg Zwiebel, Petersiliengrün,
Einbrenn: 5 dkg Fett, 5 dkg Mehl, 2 1/2 l Wasser, Salz und Pfeffer, 10 dkg Selchfleisch.

Die Bohnen werden in kaltem Wasser zugestellt und mit in Fett gelbgerösteten Zwiebeln und Petersilie weichgekocht, dann passiert. Hierauf macht man eine gelbe Einbrenn, gibt das Passierte hinein, gießt mit dem ganzen Bohnensud und dem noch nötigen Wasser auf, salzt und pfeffert die Suppe und läßt sie gut verkochen. Als Einlage gibt man in Würfel geschnittenes Selchfleisch. Verbesserung: Aufgießen durch Selchsud.

Linsensuppe

8 Portionen

25 dkg Linsen, 1 l Wasser, 2 dkg Fett, 2 dkg Zwiebeln, Petersiliengrün,
Einbrenn: 5 dkg Fett, 5 dkg Mehl, 2 1/2 l Wasser, 1 EL Essig, Salz, 4 Stück Wiener Würstel.

Die Linsen werden in kaltem Wasser auf den Herd gestellt, mit in Fett gerösteten Zwiebeln und Petersiliengrün weichgekocht und passiert. Dann macht man aus Fett und Mehl eine Einbrenn, gibt die passierten Linsen hinein, gießt mit dem Linsensud und Wasser auf. Man läßt alles gut verkochen, salzt und säuert mit ein wenig Essig. Als Einlage kommen die in die Scheiben geschnittenen Wiener Würstchen.

Feine Einmachsuppe

8 Portionen

Einmach: 10 dkg Butter, 10 dkg Mehl, 2 1/2 l Wasser, Salz, Pfeffer, 20 dkg Kalbfleisch, 10 dkg Champignons, 2 dkg Butter, Salzwasser, 1/2 gelbe Rübe, 1/2 Petersilienwurzel, 1/4 Selleriewurzel, 5 dkg grüne Erbsen, 10 dkg Spargelspitzen, 15 dkg Blumenkohl, 7 dkg grüne Fisolen.

Eine lichte Einmach wird mit Wasser oder Knochenbrühe und dem Gemüsesud aufgegossen, gesalzen, gepfeffert und gut verkocht. Als Einlage gibt man die kleinwürfelig geschnittenen verschiedenen Gemüse und das kleinwürfelig geschnittene gekochte Kalbfleisch. Man läßt die Suppe noch kurz verkochen. Die Suppe kann mit Bouillonwürfel oder Suppenpulver verbessert werden und einigen Tropfen Zitronensaft.

Habsburger Suppe

8 Portionen

Einmach: 8 dkg Butter, 8 dkg Mehl, 2 1/2 l Hühnersuppe, 1/2 Suppenhuhn, Salz, 7 dkg Erbsen, 1 Dotter, 1/16 l Obers, 8 dkg Tafelpilze, 3 dkg Butter.

Eine lichte Einmach wird mit Hühnersuppe aufgegossen, gesalzen und sehr gut verkocht. Hierauf gibt man blättrig geschnittene, in Butter gedünstete Champignons dazu. Erbsen werden in Salzwasser gekocht und passiert, mit Dotter und Obers abgesprudelt und mit dem geschnittenen Hühnerfleisch vor dem Anrichten in die Suppe gegeben. Die Suppe darf nicht mehr aufkochen.

Notizen & weitere Rezepte:

fig. 2

Kleine Gerichte

Herrliches Gabelfrühstück

Vom Ei

Wiener Eierspeise

Pro Person 2–3 Eier, Butter, Salz.

Die gut geschlagenen, leicht gesalzenen Eier werden direkt in der Porzellaneierplatte zubereitet und auch so serviert. Butter heiß werden lassen, die Eier nur leicht zerschlagen und salzen, in die Pfanne geben und etwas anziehen lassen, mit der Gabel auflockern, während die Eier stocken. Die Konsistenz soll weich gehalten werden, und das Eiklar soll noch teilweise sichtbar bleiben. Pfeffern, mit feingeschnittenem Schnittlauch bestreuen und dann servieren.

Kreneier

Hartgekochte Eier werden halbiert, auf einer Glasschüssel angerichtet, mit einer Mischung von Essig, Öl und Salz übergossen und nach halbstündigem Stehen mit geriebenem Kren bestreut. Dazu reicht man verschiedene grüne Salate.

Omelette mit Champignonfülle

4 Portionen

10 Eier, Salz, 3 dkg Butter; zum Backen 4 dkg Butter.
Fülle: 10 dkg Tafelpilze, 1 dkg Zwiebeln, Petersiliengrün, 4 dkg Butter, 1 dkg Mehl, Wasser oder Rindsuppe, Salz.

Eier mit zerlassener Butter und Salz schlagen. In einer Omelettenpfanne läßt man Butter heiß werden, gießt ungefähr den 4. Teil der Eier dick auf und bäckt sie unter Schütteln der Pfanne und Rühren mit der Gabel, bis die Masse stockt, die obere Schicht muß weich bleiben. Die Omelette wird mit nachstehender Fülle gefüllt, von beiden Seiten gegen die Mitte eingeschlagen und auf die Schüssel gestürzt und sofort aufgetragen.

Fülle: feingehackte Zwiebel und Petersilie werden in Butter geröstet, die blättrig geschnittenen Champignons dazugegeben und weichgedünstet. Dann wird das Mehl darauf gestaubt, angeröstet, Wasser oder Rindsuppe aufgegossen, gesalzen und gut verkocht. Selbstverständlich können statt Champignons milde andere Pilzarten oder Schwämme verwendet werden.

Besonders fein - ein altes Familienrezept. -

Hechtnockerln

4 Portionen als Hauptspeise
(6 Vorspeiseportionen)

25 dkg Hechtfleisch, filetiert, 25 dkg Kalbsnierenfett, 25 dkg kalter Brandteig, 3 Eier, Salz, Muskat, Pfeffer, 1 Zwiebel, 2 Gewürznelken, Lorbeerblatt, Salzwasser,
Brandteig: 1/8 l Milch, 3 dkg Butter, Salz, 6 dkg Mehl,
Sauce: 3 dkg Butter, 1 kleine Zwiebel, 8 dkg Champignons, Salz, Muskat, Petersilie, 4 dkg Mehl, 1 Glas Weißwein, 1/8 l Obers, 1 Eidotter.

Brandteig: Milch und Butter gemeinsam aufkochen lassen, das Mehl einrühren und so lange rühren, am besten mit der Schneerute, bis die Masse sich vom Geschirr löst. Dann vom Feuer nehmen und würzen.

Nockerlbereitung: Hechtfleisch, Fett und ausgekühlter Brandteig dreimal durch die Faschiermaschine drehen, dann die drei Eier einrühren. Salzwasser mit Lorbeerblatt, Nelken und der Zwiebel zum Sieden bringen und die aus der Masse mit einem Löffel ausgestochenen Nockerl einlegen. Dann nur mehr leicht ziehen lassen. Sobald die Nockerl an die Oberfläche kommen, sind sie gar. Die Nockerln herausnehmen, anrichten, mit der Sauce übergießen und heiß servieren.

Sauce: die feingeschnittene Zwiebel, Butter anlaufen lassen, feingehackte Champignons mitdünsten, mit Mehl stauben, mit Hechtnockerlwasser und Weißwein aufgießen, ca. 1/2 Stunde kochen lassen. Zum Schluß mit Obers und Eidotter, beides sehr gut verrührt, legieren. Gehackte Petersilie beigeben.

Beilage: Kartoffeln, gedünsteter Reis.

bei Tante Mizi gab's das jeden Donnerstag

Spinatpudding

4 Portionen
Als Vorspeise 6–8 Portionen

8 dkg Butter, 4 Dotter, $^{1}/_{2}$ kg rohen Spinat, Petersiliengrün, 1 dkg Butter, 2 Semmel, Milch zum Einweichen der Semmeln, $^{1}/_{16}$ l saurer Rahm, Klar von 4 Eiern, 3 dkg Semmelbrösel, 5 dkg Butter, 3 dkg Brösel, Salz, Butter und Brösel für die Form.

Butter wird flaumig gerührt, nach und nach mit Dottern, in Salzwasser gekochtem ausgedrücktem, passiertem Spinat, gehackter grüner Petersilie, die man in Butter anlaufen läßt, in Milch erweichten, gut ausgedrückten und passierten Semmeln, saurem Rahm, Salz, dem steifen Schnee von Eierklar und feinen Semmelbröseln verrührt. Dieses Gemenge füllt man in eine stark befettete, mit Brösel ausgestreute Puddingform und kocht es eine Stunde im Wasserbad. Den aus der Form gestürzten Pudding bestreut man mit in Butter angerösteten Semmelbröseln. Wer es liebt, kann auch geriebenen Parmesan daraufstreuen.

Gemüseauflauf

als Vorspeise 6 Portionen

12 dkg Kohlsprossen, 7 dkg grüne Erbsen, 20 dkg Karfiol, 10 dkg Karotten, 5 dkg Champignons, 2 dkg Butter, Milcheinmach (Béchamelsauce), 6 dkg Butter, 6 dkg Mehl, $^{3}/_{8}$ l Milch, 5 Dotter, Salz, Schnee von 5 Eiern, Butter für die Auflaufschüssel.

Kohlsprossen, in kleine Röschen zerteilter Karfiol, grüne Erbsen und würfelig geschnittene Karotten werden in Salzwasser gekocht, blättrig geschnittene, gedünstete Champignons dazugegeben. Von Milch, Butter und Mehl bereitet man eine dicke Béchamelsauce, die man nach dem Erkalten mit Dottern, Salz und Schnee von Eiklar, den gekochten, ausgekühlten Gemüsen und den gedünsteten Champignons vermengt. Das Ganze wird in eine mit Butter bestrichene Auflaufschüssel gefüllt und im Rohr ca. $^{3}/_{4}$ Stunden gebacken.

Milcheinmach (Béchamelsauce): In kochende Milch gibt man Butter und Mehl und rührt diese Masse am Herd solange, bis sie glatt ist.

Kohl im Schöpfer

4–5 Portionen

3 Köpfe Kohl,
Fülle: 25 dkg Schweinefleisch, 15 dkg Selchfleisch, 2 dkg Zwiebeln, Petersiliengrün, 3 dkg Fett, 1 Ei, Salz, Pfeffer, Majoran, 10 dkg Speck.

Die Blätter von den Kohlköpfen werden abgelöst und blanchiert. Ein größerer Suppenschöpfer wird mit einem Blatt ausgelegt, dann streicht man nachstehende Fleischfülle darauf, gibt wieder ein Kohlblatt darüber und fährt so fort, bis der Schöpfer ausgefüllt ist und schließt mit einem Kohlblatt. Auf die gleiche Weise macht man 10 gefüllte Schöpfer, deren Inhalt stürzt man in eine befettete Pfanne, belegt sie mit dünnen Speckscheiben, die man eingeschnitten hat und brät sie eine halbe Stunde im Rohr.

Fülle: gekochtes Selchfleisch und rohes Schweinefleisch werden faschiert oder feingewiegt und mit in Fett angerösteten Zwiebeln und Petersilie, Ei, Salz, Pfeffer, Majoran verrührt. Man kann diese Masse mit etwas gedünstetem Reis ausgiebiger machen.

Für ein gutes Krautwürstel
läßt Papa alles andre stehen.

Krautwürstchen

4 Portionen

1 1/2 kg Kraut, Salzwasser, 1/16 l Essig,
Fülle: 2 dkg Zwiebel, Petersiliengrün, 3 dkg Fett, 1 Ei, 40 dkg Schweinefleisch (Schopfbraten oder Bratenreste), Salz, gedämpfter Reis: 2 dkg Butter, 5 dkg Reis, Zwiebel und Salz, Wasser,
Sauerkraut: 5 dkg Fett, 5 dkg Speck, 2 dkg Zwiebel, 1 Brise Paprika, 1/2 kg Sauerkraut, 1/2 l Wasser, 1/8 l saurer Rahm.

Die Blätter eines Krautkopfes werden in mit Essig gesäuertem Salzwasser gekocht, bis sie weich sind und die Blattrippen weichgeklopft.

Fülle: feingehackte Zwiebel und Petersilie werden in heißem Fett angeröstet, mit rohem faschiertem Schweinefleisch, Salz, gedämpftem Reis und Ei vermischt. Diese Fülle wird auf die abgebrühten Krautblätter, die man einzeln einrollt, gestrichen. In heißem Fett werden kleinwürfelig geschnittener Speck und feingehackte Zwiebeln angeröstet. Dann gibt man Paprika und gewaschenes, 2–3 mal geschnittenes Sauerkraut dazu und dämpft dies unter späterem Zugießen von Wasser oder Rindsuppe halbweich. Die Krautwürstchen werden nun in das Kraut gelegt, mit saurem Rahm übergossen und eine Stunde lang gedämpft.

Gefüllte Gurken

4 Portionen

3 große Gurken,
Fülle: 2 dkg Zwiebeln, Petersiliengrün, 3 dkg Fett, 30 dkg Schweinefleisch, 1 Ei, Salz und Pfeffer,
Sauce: 4 dkg Butter, 3 dkg Mehl, 1/2 dkg Zwiebeln, Petersiliengrün, 1 Büschel Dillkraut, Wasser oder Rindsuppe, Salz, Paprika, 2 EL Essig, 1/8 l Rahm.

Von den frischen grünen Gurken werden die Enden abgeschnitten, die Gurken ausgehöhlt, geschält und hierauf gefüllt.

Fülle: feingewiegtes oder faschiertes Schweinefleisch werden mit in Fett angerösteten Zwiebeln und Petersiliengrün, Ei, Salz und Pfeffer verrührt.

Sauce: In einer lichten Einmach läßt man Zwiebeln und feingehackte Petersilie anrösten, gibt das feingehackte Dillkraut dazu, gießt mit Wasser oder Rindsuppe auf, fügt Salz, Paprika, Essig und Rahm dazu und läßt die Sauce gut verkochen. In dieser Sauce werden die gefüllten Gurken gedämpft, bis sie weich sind.

Gefüllte Paprika

4 Portionen

8 grüne Paprikaschoten, Salzwasser,
Fülle: 35 dkg faschiertes Schweinefleisch, 1 feingeschnittene Zwiebel, 3 dkg Fett, Petersiliengrün, Salz, Pfeffer, Majoran, 1 Knoblauchzehe, 5 dkg Reis, 1 Ei.

An den Paprikaschoten die Stiele entfernen, an der Stielseite einen Deckel ausschneiden, die Paprika innen völlig entkernen und die weißen Fäden entfernen. Dann mit kochendem Salzwasser überbrühen, mit kaltem Wasser abschrecken und gut abtropfen lassen. Mit der vorbereiteten Fülle füllen, mit dem Deckel wieder verschließen. In eine befettete Kasserolle dicht nebeneinander liegend einschichten, salzen und im heißen Rohr unter einmaligem Wenden braten, bis sich die Fülle steif anfühlt. Dann die vorbereitete Sauce darübergießen. Alles zugedeckt etwa 20 Minuten langsam dünsten.

Fülle: in heißem Fett feingeschnittene Zwiebeln goldgelb rösten, überkühlen, zum Faschierten geben, mit gehackter Petersilie, Salz, Pfeffer, Majoran und zerdrücktem Knoblauch würzen, mit Reis und dem Ei zu einer geschmeidigen Masse verarbeiten.

Paradiesäpfelsauce: siehe unter Saucen.

hmm ...... das ist jeder Wiener gern.

Gefüllte Kohlrabi

4 Portionen

8 Kohlrabi, Salzwasser,
Fülle: 2 dkg Fett, 1 dkg Zwiebel, 3 dkg Tafelpilze (Champignons), Petersiliengrün, 25 dkg Bratenreste, 1 Ei, Pfeffer, Salz,
Buttersauce: 3 dkg Butter, 2 dkg Mehl, 1/2 l Rindsuppe, Salz und Pfeffer, Petersiliengrün, Kohlrabiabfälle.

Kohlrabi werden geschält, dann schneidet man von jeder eine später als Deckel zu verwendende Kappe ab, höhlt die Kohlrabi mit einem Kartoffelaushöhler aus, kocht sie in Salzwasser halbweich, auch die Deckel, und füllt sie mit nachstehender Fülle. Bedeckt sie mit den abgeschnittenen Kappen und stellt sie dicht nebeneinander in ein flaches Geschirr und dämpft sie nach Übergießen mit Buttersauce noch ca. $^{1}/_{2}$ Stunde.

Fülle: feingehackte Zwiebel läßt man in Fett anlaufen, gibt Petersilie und feingewiegte Champignons hinzu und gibt dies nach dem Anrösten zu dem faschierten Fleisch. Man mengt noch Ei, Salz und Pfeffer dazu. Man kann statt Bratenresten auch rohes Fleisch verwenden, am besten Schweinefleisch. Bei rohem Fleisch kann das Ei wegbleiben. Man kann auch das Ausgehöhlte der Kohlrabi mitkochen und passiert zur Fleischfülle geben. Dies macht es ausgiebiger.

Buttersauce: In einer lichten Einmach läßt man Petersiliengrün anlaufen, gibt die gekochten, passierten Kohlrabiabfälle bzw. das Ausgehöhlte und die gekochten, zarten feingewiegten Kohlrabiblätter dazu, gießt mit dem Gemüsewasser oder Rindsuppe auf, salzt und pfeffert und läßt die Einmach gut verkochen.

Auch ideal zum Wein.

Krautstrudel

4 Portionen
(6 Vorspeiseportionen)

1 kleiner Krautkopf, Salz, 7 dkg Fett (oder Speckwürfel), 1 TL Zucker, 1 feingeschnittene Zwiebel, Salz, Pfeffer, Kümmel, $^{1}/_{8}$ l saurer Rahm.

Strudelteig siehe Grundrezept, Fett, Rindsuppe.

Feingeschnittenes Kraut salzen und zusammengepreßt zwei Stunden stehen lassen. Nachher gut ausdrücken. In Fett oder Speckwürfel den Zucker zerschmelzen, die Zwiebel darin rösten, das Kraut beigeben, würzen und weichdünsten. Dann auskühlen lassen. Inzwischen einen ausgezogenen Strudel vorbereiten, das Kraut auftragen und mit glatt gerührtem saurem Rahm leicht bedecken. Den Teig zusammenrollen, in eine befettete Pfanne legen, und im heißen Rohr ausbacken, dabei wiederholt mit Rindsuppe und Eigensaft begießen.

Zeller gebacken

4 Portionen

2 kleinere Zellerknollen, Salz, Zucker, Zitronensaft, Fett zum Backen, Mehl, Ei und Brösel.

Zeller vorbereiten, in fingerdicke Scheiben schneiden, in Salzwasser mit einer Brise Zucker und etwas Zitronensaft weichkochen. Nun mit Petersilie und Zitronensaft marinieren.

Die ausgekühlten Scheiben werden in Mehl, verklopftem Ei und Böseln paniert und in heißem Fett gebacken. Als Beigabe wird Tartarensauce gereicht.

Von Schwämmen

Champignonspudding

6 Vorspeiseportionen oder 4 Normalportionen

30 dkg Champignons, 5 dkg Butter, 1 dkg Zwiebel, Petersilie, Butter, Semmelbrösel, 8 dkg Butter, 5 Eidotter, 5 Eiklar, 1/8 l Sauerrahm, 5 dkg Mehl, Salz.

In heißer Butter die feingeschnittene Zwiebel und die blättrig geschnittenen Champignons und die gehackte Petersilie andünsten. Aus 8 dkg Butter, den Dottern, Rahm und Mehl einen Abtrieb bereiten, salzen und mit den gedünsteten ausgekühlten Champignons vermischen. Zuletzt den sehr steif geschlagenen Schnee darunterziehen. Das Gemenge in eine bebutterte und mit Semmelbrösel ausgestreute Form geben, in Dunst etwa 3/4 Stunde kochen lassen, zuerst nicht zudecken. Sobald sich die Oberfläche gefestigt hat, nicht ganz zudecken. Wenn der Pudding fertig ist, stürzen, mit in Butter gerösteten Semmelbröseln bestreuen, sehr rasch servieren.

Anmerkung: Sollte der Pudding schwer aus der Form gehen, wird ein in kaltem Wasser getränktes Tuch daraufgelegt. Durch die Dampfentwicklung löst sich der Pudding.

Gefüllte Champignons

4 Portionen

12 große, gleichmäßige Champignons, Zitronensaft, Salz, 5 dkg Butter,
Fülle: feingehackte Champignonsstiele, 15 dkg Schinken, 1 Ei, 1 kleine Zwiebel, Petersilie, 3 dkg Butter, 1 TL Madeira, 2 dkg Butter, Semmelbrösel.

Die Champignons werden gesäubert, gewaschen, die Stiele herausgedreht und die Lamellen entfernt. Die etwas ausgehöhlten Köpfe in bebuttertes oder geöltes Geschirr setzen, würzen, mit der Fülle kegelförmig füllen, mit Semmelbrösel bestreuen, mit zerlassener Butter beträufeln und 10 Minuten im heißen Rohr backen.

Fülle: feingeschnittene Zwiebel und Petersilie in heißer Butter schwitzen, die feingehackten Pilzstiele und den gehackten Schinken beigeben, kurz durchrösten, mit versprudeltem Ei binden, salzen, pfeffern und mit Madeira abschmecken.

Anmerkung: Kann auch als Beilage gereicht werden.

Von Rahm und Käse

Liptauerkäse

4 Portionen

1/8 kg Brimsen, 1/8 kg Butter, Paprika, 2 dkg Zwiebeln, Kümmel, 1/2 kg Kapern, 1 TL Senf, 1/2 Sardelle, 1/2 Zehe Knoblauch.

Passierter Brimsen wird mit flaumig gerührter Butter, Paprika, feingeschnittenem Schnittlauch, gehacktem Kümmel, feingehackten Kapern, ebenso feingehackten Zwiebeln, Senf und der passierten geputzten Sardelle und Knoblauch gut verrührt. Wer diesen Aufstrich weicher liebt, kann auch einen Eßlöffel sauren Rahm darunterrühren.

Anmerkung: Statt Brimsen kann auch Topfen verwendet werden.

Sacherkäse

8 Portionen

Käse: 1/4 kg Topfen, 2 Dotter, 3 Sardellen, 6 dkg Butter, 1 dkg Zwiebel, 1 TL Öl, 1 TL Senf, 1 Brise Paprika.
Randbeilage (Garnierung): 1 dkg Petersiliengrün, 3 Stck. Sardellen, 3 Eier, 2 Essiggurken, Paprika.

Topfen, hartgekochte Dotter, geputzte Sardellen, Butter und feingehackte Zwiebeln werden passiert und mit Öl, Senf und Paprika verrührt. Die Masse wird auf einem Glasteller angerichtet, mit grüner Petersilie, Sardellenstreifen, Scheiben von hartgekochten Eiern und Essiggurken verziert und mit Paprika bestreut.

Bemerkung: Eduard Sacher war ein berühmter Wiener Kochkünstler und gründete das weltberühmte Hotel Sacher.

Frühlingskäse – Berti

4 Portionen

1/8 kg Topfen, 1/8 kg Butter, 4 dkg Petersilie, 3 Zehen Knoblauch, Salz.

Topfen und Butter werden sehr schaumig gerührt, mit der feingehackten Petersilie vermischt und der zerdrückte Knoblauch beigefügt. Salzen. Sollte dieser Käse zu fest sein, mengt man einen Eßlöffel sauren Rahm dazu.

Aufläufe, Puddings, Knödel etc.

Schinkenfleckerl

4–6 Portionen

Nudelteig: 30 dkg Mehl, 1 Ei, Salz, Wasser, 10 dkg Butter, 3 Dotter, 1 Ei, Salz, 1/4 kg Selchfleisch, 1/4 l saurer Rahm, Klar von 3 Eiern, Butter und Brösel für die Auflaufschüssel.

Warum bei den
Schinkenfleckerl
immer spielt das Fleisch
versteckerl,
oder bin ich blind
daß ich kan Schinken find.

Fleckerl aus Nudelteig (siehe Nudelteig) werden 5–10 Minuten in Salzwasser gekocht, abgeseiht und mit kaltem Wasser abgeschreckt. Flaumig gerührte Butter wird mit Dottern, Ei, Salz, gekochtem feingehacktem Selchfleisch, saurem Rahm, den gekochten Fleckerl und dem Schnee von Eiern vermischt. Die Masse wird in eine befettete und mit Brösel bestreute Auflaufschüssel gefüllt und 3/4 Stunden im Rohr gebacken.

Gebackener Fleischstrudel

4 Portionen

Aus 25 dkg Mehl, 1dkg Fett, Salz und lauwarmem Wasser wird ein Strudelteig (siehe Strudelteig) gemacht, den man zur Hälfte mit folgender Fülle bestreicht. Der unbestrichene Teil wird mit 3 dkg zerlassener Butter bepinselt, der Strudel, von der Fülle ausgehend, eingerollt und auf einem befetteten Blech gebacken.

Fülle: 60 dkg gekochtes Rindfleisch (Bratenreste oder Wurst) werden faschiert, mit einem Ei, in 3 dkg Fett gerösteten, feingehackten Zwiebeln und Petersilie, einer dicken, mit etwas Wasser oder Suppe vergossenen Einbrenn aus 2 dkg Fett und 2 dkg Mehl, Salz und Paprika vermischt. Statt der Einbrenn kann man auch 2 eingeweichte Semmeln zur Streckung nehmen.

Beigabe: Spinat, gedünstetes Kraut oder Salate.

Schinkenkartoffeln

4–6 Personen

1 kg Kipflerkartoffeln (speckige Kartoffeln), Butter für die Auflaufschüssel, 1/2 kg Selchfleisch, 10 dkg Butter, 1/4 l saurer Rahm, 2 Dotter, 3 dkg Semmelbrösel, Salz.

In eine mit Butter gut bestrichene Auflaufschüssel gibt man zuerst eine Lage gekochte, blättrig geschnittene Kipflerkartoffeln, hierauf gekochtes, faschiertes Selchfleisch und fährt so fort, bis Kartoffeln und Selchfleisch aufgebraucht sind. Als letzte Lage kommen Kartoffeln. Nun übergießt man das Ganze mit Rahm, den man mit Dotter versprudelt hat, streut Brösel darauf, betropft mit der zerlassenen Butter und bäckt das Ganze ca. 1/2 Stunde bei guter Hitze.

Klosterneuburger Knödel

4 Portionen

5 Semmeln, 1/16 l Milch, 1/4 kg Selchfleisch, 14 dkg Butter, 4 Eier, 3 dkg Brösel, Salz, Butter für die Servietten.

5 kleinwürfelig geschnittene Semmeln übergießt man mit Milch und läßt sie anziehen. Darauf rührt man nach und nach Eier, das gekochte, würfelig geschnittene Selchfleisch und Salz darunter und mengt diese Masse zur flaumig gerührten Butter. Diese Masse wird etwas mit Bröseln gefestigt, in eine gebutterte Serviette eingebunden und 1 Stunde in Salzwasser gekocht.

Beigabe: diverse Salate.

Tante Emmy's Sonnenessen.

Topfenhaluszka

Dazu noch grüner Salat.

4 Portionen

Ein ausgewalkter, getrockneter Nudelteig (siehe Rezept Nudelteig), Salzwasser, 10 dkg Butter, 30 dkg Topfen, 1/8 l saurer Rahm, 15 dkg Speck.

Ein ausgewalkter, getrockneter Nudelteig wird in größere, unregelmäßige Stückchen geradelt oder gerissen, die in Salzwasser gekocht, abgeseiht, mit kaltem Wasser abgespült und in heißer Butter leicht geröstet werden. Von den Haluszka wird eine Schicht auf eine Schüssel gelegt, mit gesalzenem, passiertem Topfen bestreut und mit ein wenig saurem Rahm begossen, dann legt man eine zweite Schichte Haluszka darüber, überdeckt sie abermals mit Topfen und saurem Rahm und gießt schließlich kleinwürfelig geschnittenen, gerösteten Speck darüber.

Krautfleckerl

4 Portionen

Nudelteig (siehe Rezept Nudelteig), Salzwasser, 1 kg Krautkopf, Salz, 15 dkg Fett, 2 dkg Zucker, 6 dkg Zwiebel, Pfeffer und Paprika.

Fleckerln aus Nudelteig werden in Salzwasser gekocht und wenn sie weich sind, mit kaltem Wasser abgeschreckt. Ein Krautkopf wird nach Entfernen des Strunkes feingeschnitten, nebst gebranntem Zucker, feingehackten Zwiebeln und Paprika sowie Pfeffer in heißes Fett gegeben, gesalzen und mit sehr wenig Wasser weichgedünstet. Schließlich werden die gekochten abgetropften Fleckerl mit dem Kraut vermengt und leicht geröstet.

Gulasch- und Fleischgerichte

Kein Gericht hat die Wiener Köche und Hausfrauen zu Varianten so angeregt wie das Gulyás. Das Urrezept stammt von Hirten aus Ungarn. Dieses Gulyás = Rinderhirte.

Der Wiener wandelte dieses Wort auf Gulasch oder Gollasch ab.

Es gibt keinen Mann, der bei diesem Gulasch wiederstehen kann.

Gulasch auf Wiener Art

5–6 Portionen

1 kg in Würfeln geschnittenen Wadschinken, 15 dkg Schweinefett, 80 dkg blättrig geschnittene weiße Zwiebeln, 1 EL Essig mit $1/16$ l Wasser verdünnt, 4–5 dkg Edelsüßpaprika, 2 zerdrückte Knoblauchzehen, Majoran und gehackter Kümmel, Salz.

Die blättrig geschnittenen Zwiebeln werden in heißem Fett goldgelb geröstet, dann paprizieren, nur kurz durchrühren, weil sonst der Paprika bitter wird und mit Essig und Wasser ablöschen. Ganz kurz dünsten lassen, das Fleisch dazugeben, salzen, den mitgehackten Kümmel, zerdrückten Knoblauch sowie Majoran beigeben, nicht ganz zugedeckt alles im eigenen Saft eindünsten lassen. Dabei soll der Saft einige Mal eingehen, worauf jedesmal mit ganz wenig Wasser wieder aufgegossen wird. Nur so erhält man den braunen Saft des Wiener Saftgulasch. Wenn das Fleisch weich ist, gibt man so viel Wasser bei, daß das Fleisch vom Saft bzw. von der Flüssigkeit gerade bedeckt ist. Dann läßt man das Fleisch noch etwa 15 Minuten sehr langsam kochen, bis das rotbraun gefärbte Fett teilweise an die Oberfläche steigt und eine mollige Konsistenz zeigt.

Fiakergulasch

Ein Saftgulasch wird mit Spiegelei, Fächergurken, Einspänner (1 einzelnes Wiener Würstchen) und rotem Paprikasalat garniert.

Andrászy-Gulyás

6 Portionen

1 kg Rindfleisch, 1/2 kg geschälte geviertelte Kartoffeln, 40 dkg grobgeschnittene Zwiebeln, 4 dkg Edelsüßpaprika, Kümmel, Salz, 3 zerdrückte Knoblauchzehen, grüne und rote Paprikaschoten, Paradeiser.

Der Boden eines Topfes wird mit den Zwiebeln belegt, darauf das geschnittene Fleisch sowie Salz, Kümmel, Knoblauch, Paprika und die in Streifen geschnittenen Paprikaschoten und Paradeiser gegeben. Wasser oder Rindsuppe bis zur Fleischhöhe gießen. Das Ganze wird zugedeckt im Rohr gedünstet bis das Fleisch weich ist, nun werden die rohen geviertelten Kartoffeln mitgedünstet. Sobald die Kartoffeln beigegeben sind, nur mehr sehr langsam bei kleiner Flamme dünsten. Am Ende muß das Gericht ein wenig suppig sein. Man kann dieses Gericht auch in kleinen Silberkesseln anrichten. Man reicht als Beigabe kleine Nockerl.

Zwiebelfleisch

4 Portionen

1 kg Lungenbratenzapfen, 8 dkg Fett, 20 dkg Zwiebeln, Pfeffer, Salz, Majoran, Wasser oder Rindsuppe.

Gut abgelegenes Rindfleisch wird blättrig geschnitten, auf in heißem Fett gerösteten Zwiebeln rasch abgebraten, gesalzen, gepfeffert, mit Majoran und Rindsuppe vermischt, schnell verkocht und rasch angerichtet.

Beigabe: Nudeln, Nockerln, Kartoffeln.

Kalbsgollasch

4 Portionen

2 dkg Fett, 4 dkg Speck, 20 dkg Zwiebeln, 1 TL Essig, 1 TL Rosenpaprika, 80 dkg Kalbswadschinken, Salz, 1 dkg Mehl, Wasser oder Rindsuppe, 1/8 l Rahm.

In heißem Fett wird kleinwürfelig geschnittener Speck goldgelb geröstet. Dann gibt man feingehackte Zwiebeln und nach deren Anrösten Paprika, Essig und das grobwürfelig geschnittene Fleisch dazu. Salzt und dünstet das Fleisch mit etwas Wasser weich. Wenn der Saft klar ist, wird er gestaubt, mit Rahm und Wasser aufgegossen und mit dem Fleisch noch etwas gedünstet. Vor dem Anrichten kann das Gollasch mit Paradiesäpfelmark oder Paprika noch nachgefärbt werden.

Beigaben: Nockerl, Nudeln, Kartoffeln, Reis.

Beuschel Wiener Art

4 Portionen

1/2 Kalbsherz, 1/2 Kalbslunge, 1 1/2 l Wasser, Wurzelwerk, 1 Zwiebel, 1 Lorbeerblatt, Thymian, 1 Gewürznelke, 8 Pfefferkörner, Salz, 7 dkg Fett, 7 dkg Mehl, 1 Brise Zucker, Weinessig, Beuschelsuppe, Salz, 1 Brise Majoran, 1 EL Senf, Essig, Zitronensaft.
Beuschelkräuter: 2 Essiggurken, 2 dkg Kapern, 1 Sardellenfilet, 1 kleine Zwiebel, 2 Knoblauchzehen, Petersilie, Zitronenschale.

Gereinigte Kalbslunge und Herz mit kaltem Wasser zustellen, das geputzte Wurzelwerk, die halbierte braungeröstete Zwiebel, den Thymian, das Lorbeerblatt, die zerdrückten Pfefferkörner sowie Salz hinzufügen und zum Kochen bringen. Alles zugedeckt langsam etwa 1 1/2–2 Stunden kochen. Die Lunge wird früher weich und wird inzwischen zum Auskühlen in leicht gesalzenes Wasser gelegt, während in der Suppe das Herz noch langsam weiterkochen muß, bis es weich ist. In der Zwischenzeit bereitet man das »Beuschelkräutl«: Salzgurken, Kapern, Zwiebel, Sardellenfilet, Petersil und Knoblauch sowie Zitronenschale feinhacken, Herz und Lunge in dünne Streifen schneiden, vorhandene Knorpel sind zu entfernen. Dann in das Fett das Mehl und eine Brise Zucker braun rösten, das gehackte Beuschelkräutl dazugeben, kurz anrösten, mit einem kräftigen Spritzer Weinessig abschrecken und sofort mit der geseihten Beuschelsuppe aufgießen. Diese Sauce sehr gut verkochen lassen, dann auf das Beuschel passieren. Nun fügt man Senf, Zitronensaft, Salz, Majoran und Essig bei und läßt alles noch 1/4 Stunde ziehen. Man kann das Beuschel noch mit etwas Obers oder Sauerrahm verfeinern.
Beilage: alle Knödelarten.

Susi mag Beuschel nicht!

Paprikahühner

4–6 Portionen

2 Brathühner à ca. 1,20 kg, Salz, 10 dkg Speck, 20 dkg Zwiebeln, 1 TL Rosenpaprika, 1 EL Essig, Wasser oder Rindsuppe, 1/4 l saurer Rahm, 2 dkg Mehl.

In kleinwürfelig geschnittenem, angeröstetem Speck werden feingehackte Zwiebeln geröstet, Paprika, Essig, die ausgenommenen, geviertelten Hühner, von denen die Haut entfernt wurde, Salz und Wasser beigegeben. Man läßt die Hühner weichdünsten, nimmt sie heraus, kocht den Saft ein, staubt den Saft, gießt nach Anrösten des Mehles mit Wasser oder Suppe auf und läßt den Saft gut verkochen. Darauf gibt man die Hühner und den Rahm in die Sauce und läßt sie noch einige Minuten darin verkochen.

Beigaben: Kartoffeln, Nockerl, Nudeln.

Serbisches Reisfleisch

4 Portionen

60 dkg Kalbsschulter, 12 dkg Selchspeck, 20 dkg Zwiebeln, 1 EL Rosenpaprika, 1 EL Paradeismark, Salz, Kümmel, 1 Knoblauchzehe, 25 dkg Reis, 1/2 l Wasser, geriebener Parmesankäse.

Den würfelig geschnittenen Speck glasig anrösten, darin die feingeschnittenen Zwiebeln goldgelb rösten, paprizieren, das Paradeismark sowie das in grobe Würfel geschnittene Fleisch und Gewürze beigeben. Im eigenen Saft das Fleisch zugedeckt etwa 25 Minuten halbweich dünsten. Dann den trockenen Reis beigeben, mit Wasser auffüllen, aufkochen lassen und zugedeckt 20 Minuten weich dünsten. Zum Schluß muß der Reis ganz trocken sein und in die einzelnen Körner zerfallen. Würzen und mit Parmesankäse bestreuen.

Beilage: grüner Salat.

Kalbsvögerl gespickt

4 Portionen

1 hintere Kalbsstelze (ausgelöst), Salz, 10 dkg Speck, 4 dkg Butter, 1 kleine Zwiebel, 1 TL Mehl, Wasser oder Knochensuppe.

Die Kalbsstelze auslösen, in 4 längliche Stücke teilen, die Häute abziehen. Die einzelnen Stücke spicken, zusammenrollen, salzen und binden. Butter aufschäumen lassen, die Vögerl einlegen und auf der Herdplatte von allen Seiten gut anbräunen lassen. Speckreste und die feingeschnittene Zwiebel zuletzt mitrösten. Mit wenig Mehl stauben, mit Flüssigkeit aufgießen und fertigdünsten. Die Vögerl herausnehmen, den Spagat entfernen und die Vögerl in Scheiben schneiden.

Beilage: Reis, Salate.

Das war vielleicht lustig: Onkel Bobi hat Tante Peppel eingeredet dies wäre eine neugezüchtete Vogelart!!!

Gespicktes Kalbsherz

4 Portionen

80 dkg Kalbsherz, 6 dkg Speck, Salz, Pfeffer, 4 dkg Fett, 1/8 l Rahm.

Kalbsherzen werden gespickt, gesalzen, gepfeffert, in heißem Fett allseitig angebraten und unter Beigabe von Wasser (oder Rindsuppe) weichgedünstet. Dann wird der Saft entfettet, mit Rahm aufgegossen und aufgekocht.

Beigaben: Nudeln, Kartoffeln, Reis etc.

Hirnpofesen

4 Portionen

25 dkg rohes Karlbshirn, 4 dkg Butter, 1 kleine Zwiebel, Petersilie, 2 Eier, Pfeffer, Salz, Muskat, Semmel oder Weißbrotschnitten, Milch, 2–3 Eier, Semmelbrösel, Fett.

Das von der Haut befreite feingehackte Hirn wird in heißer Butter mit feingeschnittener Zwiebel und feingehackter Petersilie angeröstet, bis die Masse steif wird, 2 zerschlagene Eier, die mit Salz, Muskat und Pfeffer gewürzt wurden, in die Masse einrühren, bis sie stockt. Diese Masse etwas überkühlen lassen und auf je eine dünne Weißbrotschnitte streichen, eine zweite unbestrichene Scheibe darauflegen; diese »Pofesen« in Milch tauchen, durch das geschlagene Ei ziehen und in Bröseln wälzen. Dann in heißem Fett goldgelb backen.

Sulz

Haussulz

6 Portionen

Schweinskopf und Füße, Schweineschwarten, zusammen 1½–2 kg, Wasser, Essig, Salz, Wurzelwerk, 1 große Zwiebel, 8 Pfefferkörner, 4 Neugewürzkörner, Thymian, Lorbeerblatt, etwas Zitronenschale.

Schwarten, Kopf und Füße mit Wasser bedecken, zum Kochen bringen und gut abschäumen. Nun das geschnittene Wurzelwerk, die Gewürze, etwas Essig und Salz beigeben und das Fleisch langsam weichkochen. Wenn das Fleisch weich ist, herausnehmen, nudelig oder würfelig schneiden und das Geschnittene in eine Form oder in Schalen geben. Den Kochsud inzwischen entfetten, seihen und über das Fleisch gießen, dabei das Fleisch gut durchrühren, damit es nicht auf den Gefäßboden absetzen kann. Kaltstellen und stocken lassen. Die Sulz aus den Formen stürzen, in Scheiben schneiden, mit feingeschnittener Zwiebel, Essig und Öl und Pfeffer servieren.

Wiener Tellersulz

Eine Haussulz, wie eben beschrieben, bereiten. Das ausgelöste und kleingeschnittene Fleisch gibt man auf einen Suppenteller, garniert mit hartgekochten, in Scheiben geschnittenen Eiern, ebensolchen Essiggurken und würzt mit Salz, Pfeffer und Essig, übergießt das Ganze mit dem entfetteten, abgeseihten Sud und läßt es erstarren. Die Sulz wird in gleichmäßige Scheiben geschnitten, mit feingehackter Zwiebel bestreut und mit Essig und Öl versehen. Wer es liebt, kann auch Kren dazugeben.

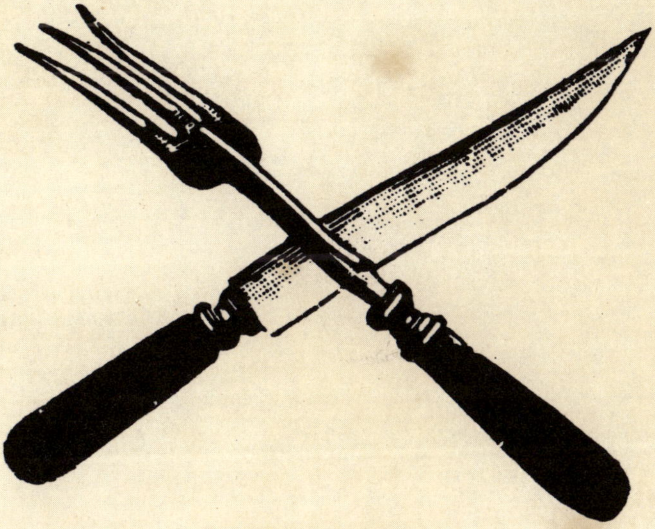

Notizen & weitere Rezepte:

Notizen & weitere Rezepte:

fig. 3

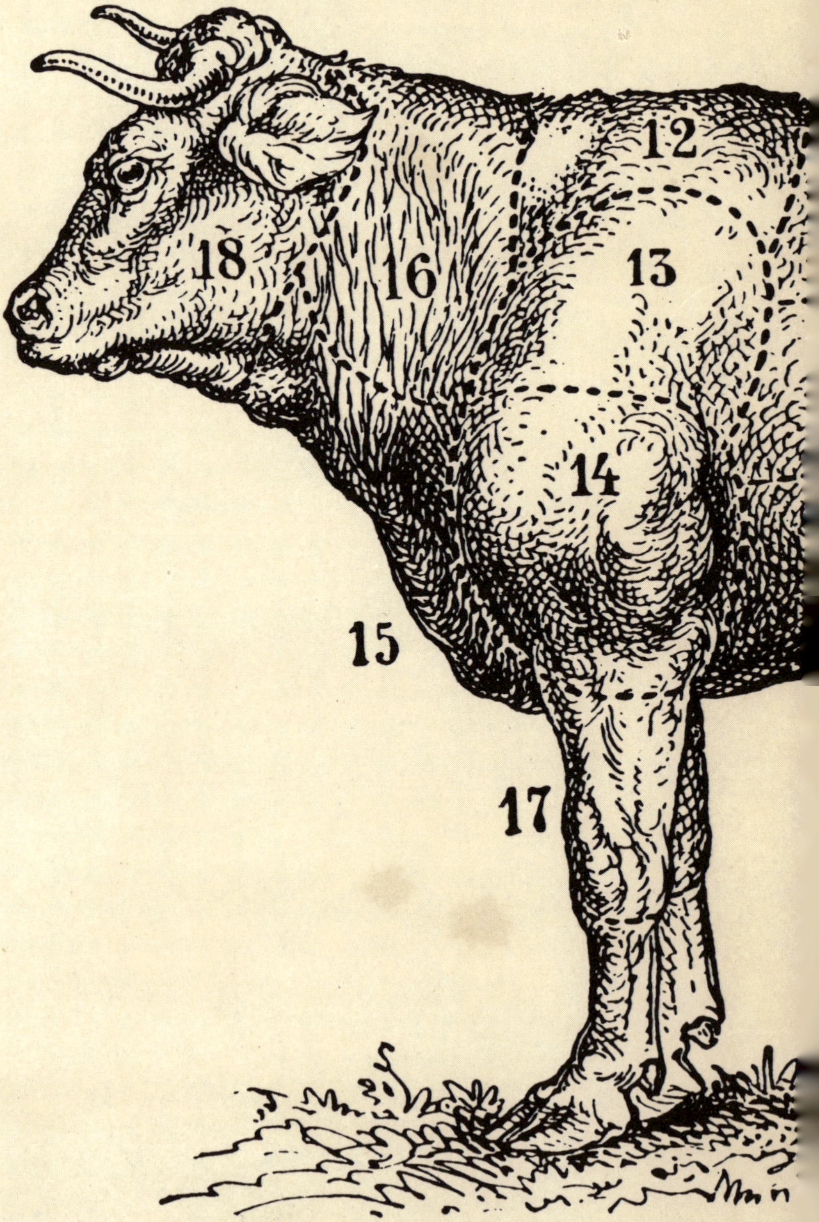

Fisch und Fleisch

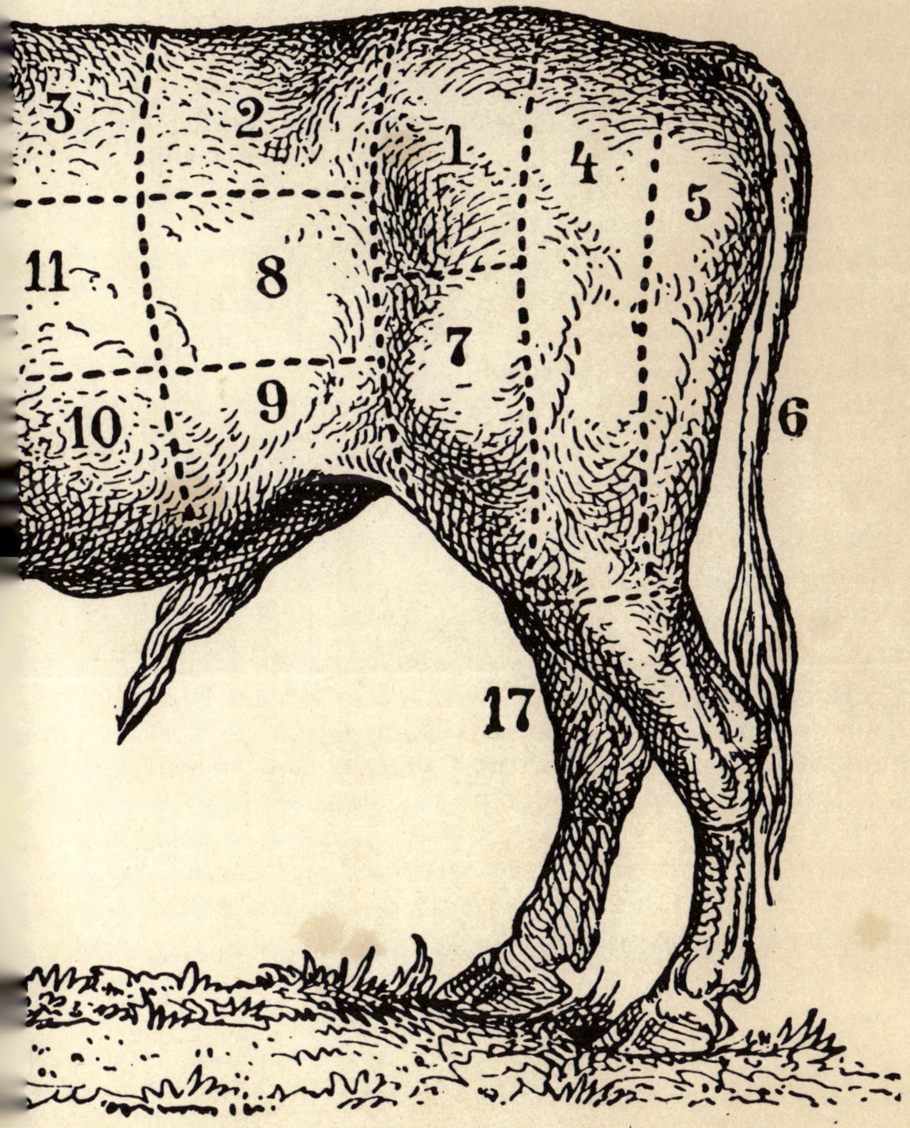

Fisch

Gekochter Karpfen

4 Portionen

1 kg Karpfen,
Sud: Salzwasser, 5 dkg Petersilienwurzel, 5 dkg gelbe Rüben, 5 dkg Selleriewurzel, 5 dkg Zwiebeln, Essig, je 15 Pfeffer- und Gewürzkörner, Thymian und 1 Lorbeerblatt, 10 dkg Butter.

Der Fisch wird geschuppt und ausgenommen. Hernach bindet man den Fisch an den Einsatz der Fischwanne fest, übergießt ihn mit einem kochenden Sud aus Wasser, Essig, sehr viel Salz, blättrig geschnittenem Wurzelwerk, Zwiebel und den Gewürzkörnern, Thymian und Lorbeerblatt und läßt ihn zugedeckt auf dem Herdrand ca. $1/2$ Stunde ziehen. Der angerichtete Fisch wird mit zerlassener Butter übergossen und serviert.

Beigabe: Salzkartoffeln.

Genauso werden Schill, Fogosch, Hecht, Reinanken, Seibling zubereitet. Die genannten gekochten warmen Fische können auch kalt mit Mayonnaise serviert werden.

Hecht mit Sardellenbutter

4 Portionen

1 kg Hecht, 2 Sardellen, 6 dkg Fett, 8 dkg Butter, 1 Sardelle.

Der Fisch wird geschuppt, ausgenommen und gewaschen und mit Sardellenstreifen gespickt. Hierauf wird er in heißes Fett gegeben und unter fleißigem Begießen im Rohr gebraten. Vor dem Anrichten entfettet man den Saft und übergießt den Fisch mit zerlassener Butter, die man mit der passierten Sardelle vermengt hat.

Beigabe: Salzkartoffeln.

Oma hat schon recht, es gibt nichts besseres als Hecht.

Gebackener Karpfen

4 Portionen

1 kg Karpfen, Salz, 4 dkg Mehl, 1 Ei, 8 dkg Brösel, 15 dkg Fett.

Der Karpfen wird entschuppt, ausgenommen und gewaschen und in zwei bis drei Zentimeter breite Stücke geteilt. Diese werden gesalzen, in Mehl, Ei und Bröseln paniert und in heißem Fett gebacken und auf Filterpapier abgetropft.

Beigaben: Salate, besonders Kipfelerkartoffelsalat, Brunnenkresse und Fisolensalat.

Anmerkung: Der gebackene Karpfen ist das traditionelle Wiener Essen am Heiligen Abend.

Fleisch

Das Rindfleisch ist das unentbehrlichste Fleisch in der Wiener Küche. Besonders das gekochte Fleisch, welches auch an der Tafel Kaiser Franz Josefs nie fehlen durfte. Das führende Wiener Hotel Meissel und Schadn, welches im letzten Weltkrieg zerstört wurde, führte nicht weniger als 24 Rindfleischspezialitäten.

Zum berühmten Wiener Tafelspitz werden im allgemeinen geröstete Kartoffeln, Schnittlauchsauce und Apfelkren serviert. Wollen Sie, verehrte Leser, diesen zubereiten, so nehmen Sie nie einen Tafelspitz unter 2 kg Gewicht, da ein zu kleines Stück trocken wird. Zu jedem gekochten Rindfleisch passen alle Gemüsesorten und die molligen Saucen, die in diesem Buch aufgeführt sind.

Der Ochs sollte sollte nicht zu viele Jahre erlebt haben.

Vom Rind

Gekochtes Rindfleisch

4 Portionen

70 dkg Rindfleisch mit Zuwaage, 1 1/2 l Wasser, Salz, 4 dkg Rindsleber, 4 dkg gelbe Rüben, 4 dkg Petersilienwurzeln, 3 dkg Selleriewurzeln, 3 dkg Zwiebeln.

Das Fleisch (am besten Hieferscherzel, dicker Spitz, Schulterdeckel) wird in die kochende Brühe (Zubereitung siehe Rindsuppe) gegeben und etwa 1 1/2–2 Stunden mäßig gekocht.

Beilagen: Gemüse, Saucen, Salate, Kartoffeln, rote Rüben, Kraut. Klassische Beilage: Schnittlauchsauce, gestürzte Kartoffeln, Apfelkren.

für Feinschmecker

Tournedos nach Maria Theresia

Die vom Lungenbratenspitz geschnittenen kleinen Beefsteaks nennt man Tournedos. Man rechnet pro Person 2 Stück im Gewicht von insgesamt etwa 16 dkg. Die Tournedos sollen eher etwas dick geschnitten werden. Sie werden leicht geklopft und auf eine runde Form mit den Handballen gedrückt, mit dünnem Spagat umschnürt, damit sie ihre Form behalten. Die so zugerichteten Tournedos mit Salz und Pfeffer würzen, mit Öl bestreichen und auf dem Rost oder in der Pfanne braten. Der Bratensatz wird mit Madeirawein oder Rindsuppe aufgekocht und mit einem Stückchen Butter verfeinert. Nun werden die gebratenen Tournedos auf einen Sockel aus Reis angerichtet und mit Trüffelscheiben belegt. Die Sauce wird separiert serviert.

Wiener Rostbraten (Zwiebelrostbraten)

4 Portionen

4 Rostbraten, Salz, Pfeffer, Mehl, 4 dkg Fett, 3 dkg Butter, 1 TL Mehl, etwas Rindsuppe oder Wasser, 20 dkg Zwiebeln, Fett.

Die Rostbraten werden am Rand leicht eingeschnitten und geklopft. Man salzt und pfeffert sie und taucht sie auf einer Seite in Mehl. Das Fett wird in einer Pfanne erhitzt und die Rostbraten mit der bemehlten Seite in das heiße Fett eingelegt. Auf beiden Seiten braten; sie sollen innen leicht rosa bleiben. Die Rostbraten anschließend auf gewärmter Platte warmstellen. In den Bratenrückstand die Butter geben, aufschäumen, mit wenig Mehl stauben, mit Suppe oder Wasser kurz verkochen. Die Rostbraten mit den extra braun gerösteten Zwiebeln bedecken, mit Bratensaft übergießen.

Zwiebelzubereitung: Die in feine Scheiben geschnittenen Zwiebeln in einer Pfanne mit fingerdick hoch Öl goldgelb rösten, sofort abseihen, leicht salzen.

Beilagen: Bratkartoffeln oder Kartoffelschmarrn und alle Gemüse.

Girardi-Rostbraten

4 Portionen

4 Stück Rostbraten à 20 dkg, Salz, Pfeffer, 1 kleine Zwiebel, 4 dkg Fett, 1 Glas Weißwein, 1/2 l Rindsuppe, 3 dkg Butter, 5 dkg Selchspeck, feingehackt, 5 dkg Champignons, feingehackt, feingeriebene Zitronenschale, 1 TL gehackte Kapern, 1 feingeschnittene kleine Zwiebel, gehackte Petersilie, 4 dkg Mehl, 1/8 l Sauerrahm, etwas Senf.

Die Rostbraten werden mit dem Messer geklopft und der Rand wird leicht eingeschnitten. Man salzt und pfeffert sie und läßt sie im heißen Fett auf beiden Seiten rasch braten. Dann werden sie warmgestellt. Im Bratenrückstand die feingeschnittene Zwiebel anlaufen lassen, mit Weißwein ablöschen, mit Suppe aufgießen und die Rostbraten darin zugedeckt weichdünsten. Champignons, Speck, die kleine Zwiebel, Zitronenschale, Petersilie und Kapern sehr fein hacken und in heißer Butter anlaufen lassen, mit Mehl stauben, den sauren Rahm dazurühren und dann die fast garen Rostbraten beigeben. Nun dünstet man diese so lange, bis das Fleisch weich ist. Mit wenig Senf würzen. Beim Anrichten mit verrührtem Sauerrahm begießen.

Beilage: Bandnudeln.

Anmerkung: Alexander Girardi war einer der berühmtesten Volksschauspieler Wiens.

Gerollte Rostbraten Berti

4 Portionen

4 Stück Rostbraten, Salz,
Fülle: 4 dkg Speck, 4 dkg Zwiebeln, 2 dkg Kapern, Petersiliengrün, 8 dkg gelbe Rüben, 5 dkg Essiggurken, Senf, Pfeffer, Salz, 3 dkg Fett, 1 dkg Mehl, Wasser oder Rindsuppe, 1/4 l saurer Rahm, 4 dünne Speckscheiben zum Belegen.

Die dünn geschnittenen Rostbraten werden ausgelöst, geklopft, gepfeffert und gesalzen. Man bestreicht sie mit Senf, darauf den feingeschnittenen Speck, feingeschnittene Zwiebel, gehackte Kapern, gehackte Petersilie, die in feine Streifen geschnittene gelbe Rübe und ebenso geschnittene Essiggurke. Man rollt sie zusammen und bindet sie mit feinem Spagat. Auf die Rostbraten legt man 1 Scheibe Speck. In einer Kasserolle läßt man Fett heiß werden, gibt die Rostbraten hinein und läßt sie so im Rohr im eigenen Saft dünsten, bis sie leicht gebräunt sind, dann staubt man und gießt nach Anrösten des Mehles mit Wasser oder Suppe auf und läßt sie weiter dünsten, bis sie weich sind, gibt Rahm dazu und läßt die Sauce kurz verkochen.

Beigaben: gedämpfter Reis, Nudeln.

Lungenbraten auf Wiener Art (mit Wurzelwerk)

8 Portionen

1,5 kg Lungenbraten, 10 dkg Öl, Salz, Pfeffer, 1 nudelig geschnittene Zwiebel, 15 dkg gerissenes Wurzelwerk, 4 dkg Mehl, 1/4 l Weißwein, ca. 3/4 l Rindsuppe oder Wasser, Zitronensaft.

Der Lungenbraten wird von Haut und Sehnen befreit, man salzt und pfeffert ihn und läßt ihn in heißem Öl scharf von allen Seiten anbraten. Das Fleisch dann herausnehmen und warmstellen.

Zuerst die Zwiebeln, dann das Wurzelwerk im Bratenfett kurz anrösten, mit Mehl stauben, mit Wein ablöschen und mit Rindsuppe oder Wasser aufgießen, das Fleisch hineinlegen und im Rohr bei guter Hitze etwa 1/2 Stunde dünsten. Der Braten wird öfter mit Sauce begossen und nach der halben Garzeit gewendet. Sobald das Fleisch weich ist, wird es herausgenommen und 1/4 Stunde zugedeckt rasten gelassen, dann in fingerdicke Scheiben geschnitten. Die Sauce mit Flüssigkeit verrühren und verkochen, dann passieren oder im Mixer pürieren, nochmals aufkochen lassen, mit Zitronensaft abschmecken und über die Lungenbratenstücke gießen. Man kann die Sauce mit 1/8 l glattgerührtem saurem Rahm verbessern.

Beilage: Serviettenknödel, Bandnudeln, feine Gemüse.

Gedünsteter Lungenbraten in Rahmsauce

4 Portionen

80 dkg Lungenbraten (Lendenbraten), 6 dkg Speck, Salz, Pfeffer, 6 dkg Butter, 1 kleine Zwiebel, Wurzelwerk, 4 dkg Mehl, 1/8 l Sauerrahm, Rindsuppe, 1/4 Zitrone, 1 Lorbeerblatt, 1 Brise Thymian, 1 TL Kapern, 5 dkg Champignons, etwas Butter.

Den Lungenbraten abhäuten, die sehnigen Teile wegschneiden, salzen, pfeffern, spicken, in heißer Butter auf allen Seiten rasch anbraten. Den Braten herausnehmen und zugedeckt warmstellen. Im Bratenrückstand zuerst die Zwiebel (feingeschnitten), dann das kleingeschnittene Wurzelwerk rösten, mit Mehl stauben, mit Rahm, mit etwas Rindsuppe glattgerührt, aufgießen, die Gewürze hinzugeben und den Lungenbraten darin im heißen Rohr weichdünsten. Den Braten öfter wenden und mit Sauce begießen. Den garen Braten herausheben, zugedeckt ca. 10 Minuten rasten lassen, dann in fingerdicke Scheiben aufschneiden. Die Sauce wird inzwischen passiert, mit den in Butter gedünsteten Champignons und den Kapern noch einmal aufkochen gelassen und über den angerichteten Lungenbraten gegossen. Der Braten soll innen noch leicht rosig sein.

Beilagen: Teigwaren aller Art, Reis, Salate.

Rinderbraten Esterhaszy

4 Personen

Im ganzen 1 kg Rindfleisch, 6 dkg Speck, Salz, schwarzer Pfeffer, 4 dkg Öl, kleingehackte Rinds- und Kalbsknochen, 20 dkg nudelig geschnittenes gemischtes Wurzelwerk, 12 dkg geschnittene Zwiebeln, Pfefferkörner, 2 dkg Mehl, 1/2 EL Paradeismark, 1/4 l Weißwein, 3/4 l Rindsuppe, etwas Porree, Petersiliengrün, 2 Knoblauchzehen, Thymian, 1 Lorbeerblatt, 1 dkg Stärkemehl, 1/8 l saurer Rahm.
Als Fleisch zu Rindsbraten verwendet man am besten Beiried, Kavalierspitz, Tafelspitz.

Das Fleisch wird von den Flachsen und Haut befreit, gespickt, gebunden und mit geriebenem Schwarzpfeffer und Salz eingerieben – in der Pfanne wird Fett erhitzt und das Fleisch noch rundum schnell angebraten, damit der Bratensatz nicht anbrennt, öfters mit einem Eßlöffel Wasser ablöschen. Man kann das Fleisch auch im heißen Rohr anbraten. Dann das Fleisch herausnehmen und warmstellen. Im selben Bratfett den restlichen Speck und das Wurzelwerk anrösten. Ebenso die geschnittenen Zwiebeln goldbraun mitrösten. Dann alles mit Mehl stauben, Paradeismark beigeben und bis zur Braunfärbung weiterrösten. Man muß achtgeben, daß die Zwiebeln dabei nicht verbrennen. Mit 1/8 l Weißwein ablöschen und mit 3/4 l Flüssigkeit (Suppe) aufgießen. Pfefferkörner und die übrigen Gewürze beigeben, das Fleisch einlegen und zugedeckt im Rohr etwa 2 Stunden dünsten. Dabei soll das Fleisch wiederholt mit der Flüssigkeit übergossen werden, um ein Austrocknen zu verhindern. Den Braten mit wenig Saft zugedeckt warmstellen. Den restlichen Weißwein mit Stärkemehl verrühren und die Sauce damit aufkochen und mit zusätzlicher Flüssigkeit auf die richtige Saucenkonsistenz bringen. Zum Schluß gibt man den Rahm bei und läßt sie noch einmal aufkochen. Die Sauce nicht passieren!

Beigaben: Nudeln, Knödeln, Reis, Herzoginnenkartoffeln etc.

Gedünsteter Tafelspitz

Den rohen Tafelspitz salzen, mit schwarzem Pfeffer einreiben und wie den Rindsbraten zubereiten. Zum Schluß den Tafelspitz tranchieren (und zwar vom Spitz aus, also von der schmalen Seite her gegen die Fasern) und mit der passierten Sauce überziehen.

Beilage: Serviettenknödel

Gedünsteter Ochsenschlepp nach Wiener Art

4 Portionen

1 kg 20 Ochsenschlepp, 5dkg Öl, 20 dkg Wurzelwerk, 15 dkg Zwiebeln, 4 dkg Mehl, 4 dkg Paradeismark, Petersilie (grüne) und Sellerie, 1 Scheibe Zitrone, 1 Lorbeerblatt, 1 Brise Thymian, 1 EL Senf, 6 dkg Preiselbeerkompott, 1/16 l Rotwein, etwas Zitronensaft.

Den Ochsenschlepp in fingerdicke Stücke teilen, salzen, pfeffern, in eine heiße Pfanne mit etwas Öl einlegen, von allen Seiten bräunen. Dann das geputzte, würfelig geschnittene Wurzelwerk beigeben und goldbraun rösten. Die Zwiebeln beigeben und sobald diese eine hellgelbe Farbe angenommen haben, mit Mehl stauben, gut durchrösten, mit Paradeismark würzen, mitrösten, mit 2 1/2 l Wasser oder Rindsuppe aufgießen. Das Petersilgrün, 1 Scheibe Zitrone, Thymian und Lorbeerblatt beigeben. Nun zugedeckt im Rohr etwa 3 Stunden dünsten, dabei öfter umrühren. Wenn das Fleisch weich ist und sich vom Knochen anfängt zu lösen, in ein frisches Geschirr umlegen. Die Sauce wird entfettet, eingekocht, mit Rotwein, Senf, Preiselbeeren und Zitronensaft abgeschmeckt, über das Fleisch passiert und dieses noch einige Minuten darin nachgedünstet.

Beilage: Semmelknödel.

Früh genug zustellen, damit's nicht mehr so zäh wird wie bei Tante Loli's Namenstag.

War bei Gästen – noch immer ein großer Erfolg!

Vom Kalb

Wiener Kalbsrücken

4 Portionen

1 kg Kalbsrücken, Salz, 4 dkg Butter, Rindsuppe oder Wasser, 2 dkg Butter.

Vom Rücken werden die Nieren abgelöst, Wirbelknochen werden einige Male durchgehackt ohne das Fleisch dabei zu verletzen. Der Rücken wird nicht abgehäutet, es werden nur die am Rückgratknochen liegenden Sehnen abgetrennt. Die langen Rippenknochen werden gleichmäßig abgehackt, sie sollen zweifingerbreit unter der Rückenfleischrose hervorschauen.

Zubereitung: Den Kalbsrücken schneiden und mit den beiden Nieren braten (wobei die Nieren nach 25 Minuten Bratzeit herausgenommen werden). Der gebratene Rücken wird von den Knochen abgelöst, in schräge Scheiben geschnitten und wieder auf das Knochengerüst aufgesetzt, dann mit den blättrig geschnittenen Nieren belegt. Den Bratensaft entfetten, mit Butter aufschäumen, mit Wasser oder Suppe aufgießen und gut verkochen lassen. Den Saft extra servieren.

Beilage: Reis, Risibisi, Gemüse, Salate.

Kaiserschlegel

6 Portionen

1,2 kg Kalbsschlegel, Salz, 10 dkg geselchter Speck, gehackte Kalbsknochen, 4 dkg Butter, 2 dkg Mehl, 1/4 l saurer Rahm, 2 Sardellenfilets, 4 dkg Kapern, Petersilie, Zitronensaft, Pfeffer.

Den Kalbsschlegel abhäuten und spicken, binden und salzen. Nun wird der Kalbsschlegel mit den Knochen auf allen Seiten angebraten bis er Farbe hat und im Rohr weichgedünstet. Den fertigen Braten herausnehmen und warmstellen. Den Bratenrückstand einkochen lassen, mit Mehl stauben, mit Rindsuppe und saurem Rahm verrühren, beigeben und gut verkochen lassen. Zum Schluß wird die Sauce passiert, mit Kapern, Petersilie, Sardellen (alles gehackt), Zitronensaft und Pfeffer abgeschmeckt.

Beigabe: feine Gemüse und Reis.

Eingemachte Kalbsbrust

4 Portionen

80 dkg – 1 kg Kalbsbrust, 1 Kalbsbrust wird natur gebraten und dann in Scheiben geschnitten. Diese gibt man in eine lichte Einmachsauce, die aus 3 dkg Butter und 3 dkg Mehl bereitet ist, dazu gibt man noch 5 dkg blättrig geschnittene, in 2 dkg Butter gedünstete Champignons, Salz, englische Sauce und $^1/_2$ kg kleingeschnittenen, gekochten Spargel oder Karfiolröschen.

Beigabe: Bröselknödel

Gespickte Kalbsnuß mit Rahmsauce

4 Portionen

80 dkg Kalbsnuß, Salz, 4 dkg Speck, 3 dkg Schinken, Rindsuppe;
Sauce: $^1/_8$ l Rahm, 2 Dotter, 2 dkg Parmesan, 5 g Reismehl, Brösel, 2 dkg Butter, 2 dkg Parmesan zum Darüberstreuen.

Die Kalbsnuß wird abgehäutet, gesalzen, mit Schinken und Speck gespickt und mit etwas Rindsuppe ungefähr 1 $^1/_4$ Stunden lang weichgedämpft. Das Fleisch wird auf dünne Scheiben geschnitten, auf einer Schüssel angerichtet und mit nachfolgend beschriebener Sauce begossen, mit Brösel und Parmesan bestreut, mit zerlassener Butter betropft und vor dem Auftragen ins heiße Rohr gestellt, bis die Sauce eine schöne Farbe hat.

Rahmsauce: Dotter wird mit dem Rahm, dem Reismehl und geriebenem Parmesan über Dunst dickgeschlagen.

Guten Appetit!

Das ist ein feines Gschmackerl

Rahmschnitzel

4 Portionen

4 schöne Kalbsschnitzel, Salz, Mehl, 5 dkg Fett, 5 dkg Butter, 10 dkg Mehl, 1/8 l saurer Rahm, Rindsuppe, 1 TL gehackte Kapern, 1/2 Zitrone.

Schnitzel werden zunächst auf beiden Seiten in Fett abgebraten. Schnitzel herausnehmen, warmstellen. Butter wird aufgeschäumt, mit Mehl gestaubt, durchgeröstet, saurer Rahm beigegeben, mit Rindsuppe aufgekocht und zu molliger Sauce verkocht. Mit Kapern, Zitronensaft und Salz abschmecken und über die Schnitzel gießen.

Beilagen: Teigwaren aller Art, Reis, Salate.

Paprikaschnitzel

4 Portionen

60 dkg Kalbsschnitzel, Salz, 8 dkg Fett, 3 dkg Speck, 3 dkg Zwiebeln, 1 TL Rosenpaprika, 1 dkg Mehl, Wasser oder Rindsuppe, 1/8 l saurer Rahm, Salz.

Die Schnitzel werden am Rand eingeschnitten, geklopft und an beiden Seiten gebraten. In dem selben Fett wird in einer Kasserolle kleingeschnittener Speck zerlassen, dann werden mit diesem feingehackte Zwiebeln mitangeröstet, Paprika und Mehl daraufgestaubt, nachdem auch dieses gut angeröstet ist, mit Wasser oder Rindsuppe und dem Bratensaft aufgegossen. Nach erfolgtem Aufkochen mengt man Salz und sauren Rahm in die Sauce, legt die gebratenen Schnitzel hinein und läßt sie darin fertigdünsten. Falls die Sauce zuwenig rot ist, kann man mit Paradiesäpfelmark oder Paprika nachfärben.

Beilagen: Reis, Nudeln, Nockerl, Kartoffeln.

Butterschnitzel

4 Portionen

40 dkg Kalbfleisch (Schulter), 2 Semmeln, Milch zum Einweichen, Salz, Muskat, ungefähr $^1/_{16}$ l Obers, 7 dkg Butter zum Braten, Zitronensaft.

Die in Milch geweichten und gut ausgepreßten Semmeln werden mit dem gut enthäuteten Fleisch zweimal durch die Faschiermaschine getrieben. Die Masse wird gesalzen und mit Muskatnuß gewürzt, mit dem Eidotter gut verarbeitet und zuletzt das Obers eingerührt. Aus dieser Masse werden 4 fingerdicke runde Schnitzel geformt, in gut erhitzter Butter langsam auf beiden Seiten goldbraun gebraten. Die Schnitzel sollen zuerst rasch angebraten und dann langsam fertiggebraten werden. Der Bratensaft wird entfettet, mit Wasser oder Rindsuppe gut verkocht, mit Zitronensaft abgeschmeckt.

Beilage: Reis, Salate, Gemüse.

Wiener Schnitzel

4 Portionen

80 dkg (Schlegel) Kalbsschnitzel, Salz, 6 dkg Mehl, 3 Eier, 8 dkg Brösel, 20 dkg Fett.

Die Schnitzel werden am Rand mehrmals eingeschnitten, geklopft, gesalzen, in Mehl und Brösel paniert und in heißem Fett gebacken und auf Filterpapier abgetropft. Es empfiehlt sich, in das verschlagene Ei ein paar Tropfen Öl beizufügen und die Bröseln sollen nicht zu stark in das Fleisch eingeklopft werden.

Beigaben: Petersilienkartoffeln, Salate aller Art. Im Sommer besonders mit Paradeismayonnaisesalat zu empfehlen. Zumeist gibt man auch einige Zitronenscheiben bei. Ein Wiener Schnitzel darf niemals mit Bratensaft serviert werden.

Wichtig!!!
Das Wienerschnitzel
darf nur kurz
vor dem Backen
paniert werden.

Vom Schwein

Schweinsrippchen mit feinen Kräutern

4 Portionen

Schweinsrippen (4 Koteletten à 20 dkg), Salz und Kümmel, 2 dkg Mehl, 3 dkg Fett, feine Kräuter; 1 dkg Fett, Zwiebel, Petersiliengrün, 5 dkg Champignons, 2 dkg Mehl, Wasser (oder Rindsuppe), Salz, 1/8 l saurer Rahm.

Die Schweinsrippchen werden am Rande eingeschnitten, geklopft, gesalzen, wer es liebt, mit etwas zerdrücktem Knoblauch bestrichen, mit Kümmel bestreut, mit einer Seite in Mehl getaucht und in heißem Fett rasch abgebraten. Man röstet feingehackte Zwiebeln, Petersilie und Champignons in feinen Scheiben geschnitten, in Fett an, staubt sie, läßt es anrösten, gießt mit Suppe oder Wasser auf, gibt Salz und die abgebratenen Schweinsrippchen hinein, läßt sie ca. 1/2–3/4 Stunde zugedeckt dünsten, fügt Rahm hinzu und läßt sie noch kurz aufkochen.

Beigabe: Kipflerkartoffeln

Gebratener Jungschweinsschlegel

4 Portionen

Etwa 1 kg Jungschweinsschlegel, Salz und Kümmel, 6 dkg Fett, Wasser oder Rindsuppe, Knoblauch nach Geschmack.

Der Jungschweinsschlegel wird ausgelöst und in soviel heißes Wasser gegeben, daß die nach unten gekehrte Schwarte bedeckt ist, gedämpft, bis die Schwarte weich ist. Dann wird die Schwarte des Schlegels in ungefähr 1 cm breiten Abständen mit etwa 1/2 cm tiefen Einschnitten versehen und mit Salz und Kümmel, eventuell auch Knoblauch, eingerieben. Hierauf wird der Schlegel mit der Schwartenseite nach oben in die Pfanne gelegt, mit sehr heißem Fett übergossen, anfangs nur in eigenem Saft, unter öfterem Nachgießen von Wasser weichgebraten.

Durch das öftere Übergießen mit Saft wird die Schwarte braun und knusprig. Man entfettet den Bratensaft und kocht ihn mit etwas Wasser und Rindsuppe auf.

Beigaben: Gemüse, Kartoffeln, Salate, Wein oder Blaukraut.

Schweinsbraten in Senfsauce

4 Portionen

80 dkg Schweinsschlegel oder Schulter, Schweinsknochen (kleingehackt), Salz, Kümmel, 3 dkg Fett, Wasser oder Rindsuppe, 15 dkg Zwiebeln, 1 EL Senf, 1/8 l Sauerrahm, 1 dkg Mehl.

Das ausgelöste Fleisch wird mit Salz und Kümmel gewürzt, bindet es und legt es in eine Pfanne auf die kleingehackten Knochen, übergießt es mit heißem Fett, brät es im Rohr durch wiederholtes Nachgießen mit Rindsuppe und Wasser und eigenem Saft. Wenn das Fleisch weich ist, läßt man den Saft eingehen, die grobgeschnittenen Zwiebeln mitbraten. Dann das Fleisch herausnehmen und warmstellen. Bratensaft wird entfettet. Saurer Rahm, Senf, Mehl mit etwas Rindsuppe oder Wasser glatt verrühren, in den Bratenrückstand geben und alles gut verkochen, mit etwas Flüssigkeit zu sämiger Saucenkonsistenz bringen. Abseihen und über den inzwischen tranchierten Braten geben.

Beigabe: Kartoffeln.

Notizen & weitere Rezepte:

Notizen & weitere Rezepte:

fig. 4

Wild und Geflügel

Wildschwein

4 Portionen

70 dkg Wildschweinfleisch (Schlegel ohne Schwarte, je jünger das Fleisch, desto zarter), Pfefferkörner und Lorbeerblatt, Petersilienwurzel, 1/4 Selleriewurzel, 1/4 gelbe Rübe, 2 dkg Zwiebeln, 1/16 l Rotwein, Salz, 1 EL Essig, 1/2 Knoblauchzehe.

Das ausgelöste Fleisch in kochendes Wasser legen (muß vom Wasser gerade bedeckt sein), zum Kochen bringen, abschäumen, salzen und die Gewürze beigeben und langsam weich kochen. Dann das in Streifen geschnittene Wurzelwerk und Zwiebeln beigeben und vollends weich kochen. Zuletzt mit dem Rotwein und Essig abschmecken. Das Fleisch wird in Scheiben geschnitten, mit viel Wurzelwerk und dem Kochsud angerichtet.

Beilage: Salzkartoffeln, Hagebuttensulz, Preiselbeeren und dergleichen.

Das Wilde Schwein, ist es noch zart, ist Fleisch von ganz besonderer Art!

Rehrücken in Rahmsauce

8 Portionen

1 Rehrücken, 12 dkg Speck, Salz und Pfeffer, Wacholderbeeren, 10 dkg Fett, Wasser oder Rindsuppe, 1/4 l Rahm.

Rehrücken wird abgehäutet, gespickt, gesalzen, gepfeffert, mit gestoßenen Wacholderbeeren eingerieben und in heißem Fett mit der schönen Seite nach unten gebraten, ca. 1 Stunde. Das Fleisch soll innen leicht rosa und saftig bleiben. Den Rehrücken herausnehmen und warmstellen. Bratensaft eingehen lassen, Saft entfetten, leicht mit Mehl stäuben, durchrösten, mit Flüssigkeit kurz verkochen und mit Rahm übergießen.

Beilagen: Serviettenknödel, Semmelknödel, Kroketten, Rotkraut, glacierte Kastanien, Preiselbeeren.

Hirschschnitzel

4 Portionen

4 Hirschschnitzel, 7 dkg Spickspeck, Salz, Pfeffer, 7 dkg Mehl, 10 dkg Wurzelwerk, 1 kleine Zwiebel, 1/8 l Rotwein, 1/8 l saurer Rahm, Mehl.

Die Hirschschnitzel werden geklopft, gespickt, gesalzen, gepfeffert, in Mehl gewendet und in heißem Fett auf beiden Seiten rasch gebraten. Man nimmt sie aus der Pfanne und stellt sie warm. Im Bratenfett blättrig geschnittenes Wurzelwerk und feingeschnittene Zwiebel rösten, mit etwas Mehl stauben, durchrösten und mit glattgerührtem saurem Rahm binden und mit Wein aufgießen. Nun läßt man alles gut verkochen und passiert oder verrührt im Mixer die Sauce. Die Schnitzel werden in diese hineingelegt und man läßt sie noch kurze Zeit ziehen, aber nicht mehr kochen.

Hirschragout »Wienerwald«

4–6 Personen

1 kg Hirschschlegel, 7 dkg Speck, Petersiliengrün, 4 dkg Zwiebeln, Schale von 1/4 Zitrone, Thymian, Salz, Lorbeerblatt, 3 dkg Mehl, Wasser oder Rindsuppe, 20 dkg Selchfleisch, 1/4 l Rahm.

In kleinwürfelig geschnittenen gerösteten Speck werden die feingeschnittene Zwiebel und Petersilie angeröstet. Man gibt die Gewürze und das großwürfelig geschnittene Wildfleisch dazu, salzt und dünstet es unter Zugießen von Wasser oder Rindsuppe. Wenn es weich ist, läßt man den Saft eingehen, staubt mit Mehl, welches man anröstet, gießt mit Wasser oder Rindsuppe auf, gibt kleinwürfelig geschnittenes, gekochtes Selchfleisch und Rahm dazu und läßt die Sauce gut verkochen.

Beigaben: Nudeln, Nockerln, Knödel und ähnliches.

Hasenbraten in Rahmsauce

4 Portionen

1 Hasenrücken und Läufe, 6 dkg Speck, Salz, Pfeffer, Wacholderbeeren, etwas Fett, 10 dkg gemischtes Wurzelwerk, 1 kleine Zwiebel, 2 dkg Zucker, 2 dkg Mehl, $^1/_{16}$ l Rotwein, 6 Pfefferkörner, 4 Neugewürzkörner, 1 Gewürznelke, 2 Lorbeerblatt, 1 Brise Thymian, Muskat, Zitronenschale, 1 EL Preiselbeerkompott, 1 TL Kapern, $^1/_8$ l saurer Rahm, 2 dkg Mehl, Essig, Rindsuppe.

Die Hinterläufe werden von dem Rücken abgetrennt, enthäutet und mit Speck gut gespickt, mit Salz, Pfeffer und zerdrückten Wacholderbeeren eingerieben. In heißem Fett mit der Außenseite nach unten anbräunen. Umdrehen, die restlichen Speckstreifen, das blättrig geschnittene Wurzelwerk, in Streifen geschnittene Zwiebel und etwas Zucker beigeben. Alles im Rohr braten. Dabei öfters mit dem eigenen Saft begießen, mit einem Spritzer Essig versehen und mit etwas Rindsuppe nachgießen. Das halbfertig gebratene Fleisch aus der Pfanne nehmen und warmstellen. Den Bratenrückstand und das Wurzelwerk weiterrösten, mit etwas Mehl stauben, mit Rotwein aufgießen, die Gewürze und Preiselbeerkompott beigeben. Alles zu einer dünnflüssigen Sauce verkochen lassen. Die Sauce wird nun über den Braten passiert, mit Zitronensaft und Rotwein abgeschmeckt und der Braten zugedeckt noch etwa $^3/_4$ Stunde weichgedünstet. Man muß beachten, daß der Rücken $^1/_2$ Stunde früher weich ist, daher gibt man ihn erst später dazu. $^1/_4$ Stunde vor dem Garwerden den mit Mehl verrührten Rahm und die feingehackten Kapern beigeben. Alles noch einmal aufkochen lassen und den Braten tranchieren.

Beilage: Knödel, Teigwaren, Kartoffelkroketten.

Hasenjunges

4 Portionen

1 Hasenjunges: Kopf, Hals, Schultern, Brustfleisch, Vorderläufe, Herz, Lunge, Leber,
1 Spritzer Essig, Salz; 10 dkg Wurzelwerk, 1 kleine Zwiebel, 1 Knoblauchzehe, 5 Pfefferkörner, 3 Neugewürzkörner, Lorbeerblatt, Zitronenschale, 3 dkg Fett, 1 TL Zucker, 3 dkg Mehl, 1 kleine Zwiebel, Petersiliengrün, Zitronensaft, 1 TL Senf, 3 dkg Paradeismark, 4 dkg Preiselbeeren, evtl. 1 Tasse Hasenblut, 1/8 l Rotwein, 1/8 l Sauerrahm.

Hals und Vorderläufe auslösen und in würfelige Stücke schneiden. Kopf halbieren, Brustfleisch von den gröbsten Knochen befreien und in Würfeln schneiden. Leber und Herz dickblättrig schneiden, Lunge halbieren. Das gereinigte und vorbereitete Hasenjunge mit kochendem Wasser bedecken und aufs Feuer stellen. Mit Essig, Salz, geschnittenem Wurzelwerk, Zwiebel, den Gewürzen und etwas Zitronenschale zugedeckt langsam weichkochen. Sobald das Fleisch weich ist, aus dem Kochsud nehmen. In heißem Fett Zucker bräunen, mit Mehl stauben und zu einer dunkelbraunen Einbrenn rösten, kurz die feingeschnittenen Zwiebeln und gehackte Petersilie mitrösten, mit dem Kochsud samt Wurzelwerk und den Gewürzen aufgießen. Es wird solange gekocht, bis eine nicht zu dicke Sauce entsteht. Senf, Preiselbeeren, Paradeismark hinzufügen und langsam 1/2 Stunde verkochen lassen. Wenn man es wünscht, mischt man Hasenblut mit dem Rotwein und gibt den glattgerührten Sauerrahm bei, eventuell mit Zitronensaft abschmecken. Sauce wird passiert und über das Hasenjunge gegeben. Das Fleisch soll noch etwa 10 Minuten in der Sauce ziehen.

Beilage: Semmelknödel, Nockerl.

Gebratene Wachteln

pro Person 3 Stück

Wachteln trocken rupfen, ansengen, ausnehmen und mit einem Tuch innen reinigen, salzen und nach Wunsch mit ein wenig weißem Pfeffer einreiben, in bebutterte Weinblätter einhüllen, mit einer dünnen Speckscheibe umgeben, binden und bei starker Hitze ungefähr 20 Minuten im Rohr braten. Dabei werden sie mit Butter begossen. Dann den Spagat aufschneiden, die Weinblätter entfernen und auf kleinen, in Butter gerösteten Weißbrotschnitten, anrichten. Den Natursaft extra servieren. Man kann sie auch mit Reis garnieren.

Vor Jahrhunderten waren Wachteln nur den Päpsten und Kaisern vorbehalten.

Wiener Backhendel

4 Portionen

2 junge Hühner (je 60–80 dkg), Schweinefett oder Öl, Salz, Mehl, 2 Eier, 1 TL Öl, Semmelbrösel, Petersilie, 1 Zitrone.

Die Hendeln ausnehmen, waschen und in vier Viertel teilen, Brustknochen entfernen, die Schenkel beim Gelenk leicht einschneiden, Haut von den Hühnern entfernen. Die einzelnen Stücke werden nun gesalzen und in Mehl getaucht. Nun werden sie durch die zerschlagenen Eier gezogen, zu denen man einen Kaffeelöffel Öl dazugegeben hat. Jedes Stück in die lichten Semmelbrösel geben, darin etwas rütteln und nur wenig drükken, die lose daran haftenden Brösel abschütteln. Die Hühner müssen nach dem Panieren sofort ausgebacken werden, da sonst die Panier feucht werden würde. Die panierten Stücke in heißem Fett nicht zu rasch gleichmäßig auf beiden Seiten goldbraun backen (Bruststücke etwa 10 Minuten, Schenkel etwa 15 Minuten), zuerst immer mit der schönen Seite nach unten. Die fertigen Backhendelstücke abtropfen lassen, Zitronenscheiben und Petersiliengrün zum Garnieren.

Beilagen: Petersilienkartoffeln, zarte Salate, Gurkensalat und Paradeismayonnaisesalat.

Ein Backhendel
recht resch und zart –
dies ist fürwar
die Wiener Art.

Einmachhuhn

4 Portionen

1 Huhn etwa 1,40 kg, 6 dkg Butter, 15 dkg Wurzelwerk, 3 dkg Zwiebeln, Wasser, Salz;
Sauce: 6 dkg Butter, 6 dkg Mehl, 14 dkg Champignons, 3 dkg Butter, Hühnersud, 1 dkg Fett zum Rösten der Leber, 1/2 Rose (20 dkg) Blumenkohl, 20 dkg Suppenspargel, Salz, Zitronensaft.

Das gereinigte, ausgenommene Huhn wird geviertelt, gesalzen und mit dem ausgenommenen Magen, Herz, dem Kopf des Huhnes mit Butter, Zwiebeln und Wurzelwerk nach Hinzugabe von Wasser und Salz weichgedämpft. Eine lichte Einmach wird mit dem geseihten Hühnersud aufgegossen und blättrig geschnittenen Champignons vermengt. In diese gesalzene Sauce gibt man die Hühnerstücke sowie in Salzwasser gekochte Blumenkohlröschen, gekochten, in Stücke geschnittenen Spargel, abgebratene, in Würfel geschnittene Hühnerleber und läßt sie rasch verkochen.

Einlage: Bröselknödel

Beigabe: Reis, Nudeln

Gefüllte Ente

4 Portionen

1 Ente ca. 1,50 bis 2 kg, Salz, Majoran, Butter,
Fülle: 30 dkg Kartoffeln, 5 dkg Butter, Petersilie, 1 kleine Zwiebel, Salz, Pfeffer, 20 dkg Bratwurstfülle (vom Fleischhauer).

Die für das Braten vorbereitete Ente wird mit nachstehender Fülle gebraten. Bratdauer ca. 2 Stunden.

Fülle: Die rohen, kleinwürfelig geschnittenen, geschälten Kartoffeln, mit Butter gehackter Petersilie, kleingeschnittener Zwiebel, Salz und Pfeffer unter ständigem Rühren rösten. Zuletzt die Bratwurstfülle beigeben. Diese Fülle füllt man nun wenn sie ausgekühlt ist in die Bauchhöhle der Ente. Die Ente wird nun außen gesalzen und in wenig heißer Butter mit der Brust nach unten in die Bratpfanne gelegt und unter häufigem Begießen mit Eigensaft etwa 2 Stunden gebraten und einige Male gewendet. Jedes Geflügel, das gefüllt gebraten wird, vor dem Tranchieren 1/2 Stunde warmgestellt rasten lassen.

Gutes Gelingen und guten Appetit!

Wien.

WJEN der Osterrischer Stetten vnd desselben Lands die Häupstatt an der Tonaw gelegen/ Diser fluß zertheilt das Osterrische Land in zwey theil/ wirt von 60. Wassern so schier alle schiffreich sein/ gemehret/ vnnd felt darnach durch 6. gewaltiger flüß inß Meer/ stößt an viel namhaffter Stätte/ vnder denen ist Wien die reichste vnd aller ältiste. Sol jhre namen von jhrer alter nennung Flauiana/ oder wie ettliche meinen/ võ dem flüßlein/ das durch die Vorstatt läufft/ den namen bekom̃en habẽ/ ist auch vorzeitten Juliobona vnd Vindobona genant gewesen. Ist jetzt eine gar namhaffte Statt/ mit vnüberwindtlichen Mawren/ tieffen Graben/ fästen Wällen vnnd Bollwercken vmbzogen. Die Mawren sein lang vnd hoch mit villen thürnen vnnd starcken zwengern versehẽ/ dermassen/ daß allein Wien ein einig gewiß schirm vnd borstwehr der Christen wider dẽ blutdürstigen Türcken ist. Die Vorstätte sein groß vnd prächtig/ der Bürger häwser seind weith: vnd mit gemälts verziert/ gar hoch fast vnd herrlich beyein gebawet/ Die kirchen so zu Gottes vnnd seiner lieben Heyligen ehr auffgericht seind: wirt zierlich vnd von hartem gehawen stein durchsichtig/ mit wunderbarlichen säwlẽ auffgebawet/ vnder denẽ ist S. Steffans kirch die vornembste. Die Weinkeller seind so tieff vñ gerhäumlich/ das man sagt/ es sol binnen Wien nit weniger gebäw inwendig/ als außwendig der Erdẽ sein. Die strassen sein mit harten steinẽ dermassen geestricht/ daß sie von keinen wagen oder radern verdorben mögen werden. Hat aller künsten ein lobwürdige Vniuersitet/ ist von Keyser Friderich des namens dẽ Andern vmb das Jar Christi 1237. von Rom vñ Pariß hieher gepflantzet/ Jm jar des Herrn 1529. hat der wütender Christen feind Solyman dise Statt mit eim gewaltigen kriegßhör angegriffen/ hart belägert/ vnd dieselbe viermahl mit gewaltigen Mawrbrechern mit seines Volcks mercklichem verderben/ bestürmet. Ist aber den 14. tag nach angefangener belägerung/ mit dem Kriegszeug abgezogen.

Notizen & weitere Rezepte:

fig. 5

Gemüse

Grüne Fisolen (Schnittbohnen) auf Wiener Art

4 Portionen

80 dkg Fisolen, Salzwasser,
Einbrenn: 4 dkg Fett, 4 dkg Mehl, 1 dkg Zwiebeln, Petersiliengrün, 1 Büscherl Dillkraut, Wasser oder Rindsuppe, 1/8 l Rahm, Salz und Pfeffer, 1 TL Essig.

Die Fisolen werden geputzt, die Enden abgeschnitten und eventuell die Fäden, sollten es keine fadenlosen Fisolen sein, ablösen, waschen, feinnudelig schneiden und in Salzwasser weichkochen und abseihen. Dann macht man eine Einbrenn aus Fett, feingehackten Zwiebeln und Mehl, läßt darin feingehackte Petersilie anlaufen, gießt mit Suppe auf, gibt das gewaschene, feingehackte Dillkraut hinzu und läßt sie gut verkochen. Hierauf mengt man die abgeseihten Fisolen, etwas Essig, Salz, Pfeffer und Rahm hinein und kocht dies noch kurz auf.

Beigaben: Kartoffeln

Anmerkung: Wer es liebt, kann etwas zerdrückten Knoblauch beifügen.

Eingebrannte Bohnen

4 Portionen

30 dkg Bohnen, Kuttelkraut, Suppengrün, 1 Lorbeerblatt, 1 feingeschnittene Zwiebel, 2 dkg Fett, 2 dkg Mehl, Pfeffer, Salz, Essig, Knoblauch, Petersiliengrün, Frühstücksspeck.

Die ca. 2 Stunden vorgeweichten Bohnen mit dem Einweichwasser aufs Feuer bringen und mit Kuttelkraut, Suppengrün und Lorbeerblatt weich kochen. In heißem Fett feingeschnittene Zwiebel und Frühstücksspeck anrösten, mit Mehl stauben, mit Essig ablöschen und mit dem Bohnensud aufgießen, gut verkochen, die weichen Bohnen beigeben und alles noch ca. 1/4 Stunde verkochen. Mit Pfeffer, Salz, zerdrücktem Knoblauch und gehackter Petersilie würzen.

Kohl auf Wiener Art

4 Portionen

80 dkg Kohl, Salzwasser, 5 dkg Fett, 4 dkg Mehl, 1 kleine Zwiebel, 1 Knoblauchzehe, Petersilie, 1/2 l Rindsuppe, Salz, Pfeffer, Majoran und Suppe.

Den in groben Streifen geschnittenen Kohl in Salzwasser blanchieren, mit kaltem Wasser abfrischen. In heißem Fett Mehl licht rösten, feingeschnittene Zwiebel mitrösten, zerdrückte Knoblauchzehe und Petersilie beigeben, mit Rindsuppe aufgießen und gut verkochen lassen. Den blanchierten Kohl damit binden, würzen und noch ca. 10 Minuten weiterkochen. Eventuell mit Suppe noch aufgießen.

Beilagen: Alle Kartoffelarten

Wiener Spinat

4 Portionen

1 kg Spinat, roh, 4 dkg Butter, 1 kleine Zwiebel, feingeschnitten, 3 dkg Mehl, Petersilie, Salz, Pfeffer, Muskat, 1 Knoblauchzehe, etwas Milch oder Rindsuppe.

In heißer Butter wird die feingehackte Zwiebel leicht geröstet, mit Mehl gestaubt, durchgeröstet, gehackte Petersilie beigegeben, mit Milch oder Rindsuppe aufgießen, zu kurzer dickiger Sauce verkochen, mit Salz, Pfeffer, Muskat und zerdrückter Knoblauchzehe würzen, den vorbehandelten passierten Spinat beigeben, alles kurz durchkochen.

Spinatvorbehandlung:

Der Spinat muß mit sehr reichlich Wasser gut gewaschen werden, wobei das Wasser mehrfach gewechselt werden muß, man gibt ihn in kochendes Salzwasser, worin er so lange blanchiert wird, bis sich die Stiele weich anfühlen. Man frischt ihn, nachdem man ihn herausgenommen hat, ab und läßt ihn gut abtropfen, bevor man ihn passiert.

Wiener Kohlrabi

4 Portionen

4 Stück Kohlrabi, Salz, 3 dkg Butter, 3 dkg Mehl, 3 dkg Zwiebeln, Petersilie, Rindsuppe, Pfeffer, 1/2 Knoblauchzehe

Kohlrabi schälen, halbieren, in Scheiben schneiden, in Salzwasser fast weichkochen, die jungen grünen Blätter feingehackt beigeben, fertigkochen, abseihen und abtropfen lassen. In heißer Butter feingeschnittene Zwiebel anschwitzen lassen, mit Mehl stauben, hell rösten, Petersilie und zerdrückte Knoblauchzehe beigeben, mit 1/2 l Rindsuppe aufgießen, gut verkochen und würzen. Den Kohlrabi damit binden. Alles noch ca. 5 Minuten dünsten.

Kochsalat

4 Portionen

1 kg Kochsalat, Salzwasser, 6 dkg Butter, 6 dkg Mehl, 1/2 dkg Zwiebel, Petersiliengrün, Wasser oder Rindsuppe, Salz.

Vom Kochsalat werden die äußeren Blätter entfernt, hierauf wird er halbiert und in kochendem Salzwasser 10 Minuten gekocht, abgeseiht, in grobe Streifen geschnitten und in eine gut verkochte Einmach aus Butter und Mehl gemengt, in der man vorher ein wenig feingehackte Zwiebeln und Petersilie anrösten ließ. Das Gemüse wird, wenn nötig, mit Rindsuppe aufgegossen und gesalzen.

Verbesserung: Man kann gekochte grüne Erbsen beigeben.

Beigaben: Kartoffeln in allen Zubereitungsweisen.

Grüne Erbsen auf Wiener Art

4 Portionen

½ kg grüne frische Erbsen ausgelöst, Wasser, 5 dkg Butter, 5 dkg Mehl, 3–5 dkg Zucker, Petersiliengrün, Salz, Rindsuppe

Die Erbsen werden gewaschen und in Wasser weichgekocht und abgeseiht. Darauf macht man eine lichte Buttereinmach, gibt feingehackte Petersilie dazu, läßt sie ein wenig anlaufen und gießt mit Erbsenwasser oder Suppe auf. In die Einmach gibt man nun die Erbsen, Zucker und Salz und läßt sie noch gut verkochen.

Wiener Sauerkraut

4 Portionen

1 kg Sauerkraut, Wasser, 5 dkg Fett, 5 dkg Mehl, Salz, 2 dkg Zwiebeln, 5 dkg Kartoffeln, Wasser oder Rindsuppe.

Das Sauerkraut wird mit kaltem Wasser zugestellt und weichgekocht. Hierauf macht man eine goldgelbe Einbrenn aus Fett, gehackten Zwiebeln und Mehl, gibt das Kraut samt dem Wasser und eine halbe, geriebene, rohe Kartoffel hinein, gießt mit Wasser oder Suppe auf und läßt es gut verkochen. Man kann auch mit Kümmel würzen.

Paradeiskraut

8 Portionen

1 kg Sauerkraut, 25 dkg passierte Paradeiser, 10 dkg Schweineschmalz, 1 große nudelig geschnittene Zwiebel, 2 EL Mehl, 1 TL Zucker, Salz.

Das ausgedrückte, durchgeschnittene Sauerkraut wird mit den 25 dkg gekochten und passierten Paradeisern vermischt. In heißem Fett die Zwiebel goldgelb rösten, mit Mehl stauben und unter ständigem Rühren dem dünstenden Sauerkraut beigeben. Alles noch eine Zeitlang durchdünsten, zum Schluß noch etwas Zucker beigeben und eventuell nachsalzen. Je länger das Kraut in der Einbrenn kocht, desto besser wird es.

Kürbiskraut

ca. 8 Portionen

1 Kürbis (2–2,5 kg), Salz, 8 dkg Butter, 7 dkg Mehl, 1/2 dkg Zwiebel, 1 Büschel Dillkraut, Petersiliengrün, 1/8 l saurer Rahm, 1 TL Paprika, Wasser oder Rindsuppe, Essig.

Der Kürbis wird geschält, geviertelt, nach Entfernung des Kerngehäuses feinnudelig geschnitten, eingesalzen und 1 Stunde stehengelassen. In eine helle, sehr dicke Einmach aus Butter, Zwiebeln, Mehl, feingehacktem Petersiliengrün, Dillkraut und Paprika gibt man dann das Kraut, Salz und etwas Essig, läßt das Ganze eine halbe Stunde dünsten und gibt Rahm hinzu.

Beigabe: Kartoffeln.

Notizen & weitere Rezepte:

fig. 6

Beilagen

Petersilienkartoffeln

80 dkg Kartoffeln, Salzwasser, 4 dkg Butter, Petersiliengrün

Kartoffeln werden geschält, geviertelt, gesalzen und gedämpft und in heißer Butter geschwenkt. Verwendet man heurige Kartoffeln, so nimmt man kleine Knollen, die nur geschabt werden, im ganzen gekocht und in Butter geschwenkt werden. Den Petersil gibt man erst vor dem Auftragen dazu, damit er nicht braun werden kann und schwenkt ihn nur einmal mit Butter und Kartoffeln durch.

Das gibt aus.

Eingebrannte Kartoffeln

6 Beilageportionen

1 kg gekochte oder gedämpfte Kartoffeln, am besten Kipflerkartoffeln, 6 dkg Fett, 6 dkg Mehl, 1 große Zwiebel, Petersiliengrün, Essig, 1 l Rindsuppe, Zitronenschale, Salz, 1 Lorbeerblatt, 1 Brise Thymian, 1/8 l Sauerrahm, 4 Essiggurken.

In heißem Fett das Mehl braun anrösten, die feingeschnittene Zwiebel darin kurz rösten, mit etwas Essig ablöschen, mit Rindsuppe aufgießen, zu einer nicht zu dicken aber glatten Sauce verkochen. Salz, feingehacktes Lorbeerblatt, Thymian, geriebene Zitronenschale beigeben, ebenso Sauerrahm. Alles gut verkochen und über die geschälten, in Scheiben geschnittenen Kartoffeln passieren. Nochmals gut durchkochen.

Als Einlage geschnittene Essiggurken.

Wer es liebt, kann auch einige Kapern beigeben.

Gestürzte Kartoffeln

4 Portionen

80 dkg Kartoffeln, 5 dkg Fett, Salz.

Kartoffeln werden gekocht, heiß geschält und blättrig geschnitten, gesalzen und in heißem Fett oder Butter angeröstet. In eine befettete, mit Bröseln ausgestreute Kasserolle gibt man Bröseln und hierauf den vorbereiteten Kartoffelschmarren. Im Rohr ungefähr 1/2 Stunde backen und auf eine Schüssel stürzen.

Dillkartoffeln

4 Portionen

80 dkg gedämpfte oder gekochte Kartoffeln schälen, gut auskühlen, in Scheiben schneiden und mit fertiger, nicht zu dicker Dillsauce übergießen, zum Kochen bringen und einige Minuten ziehen lassen.

Dillsauce: 4 dkg Butter, 1/2 Büscherl Dillkraut, 5 dkg Zwiebeln, 4 dkg Mehl, 1/2 l Rindsuppe, 6 dkg Butter, 1/8 l Sauerrahm, Zitronensaft oder Essig, etwas Zucker.

In aufgeschäumter Butter feingeschnittene Zwiebel anlaufen lassen, mit Mehl stauben, mit Rindsuppe aufgießen und gut verkochen lassen. In frischer Butter gehacktes Dillkraut anlaufen lassen, mit Essig ablöschen, mit der Sauce vermischen, würzen und mit verquirltem Sauerrahm fertigmachen.

Nockerl

Nockerl (Grundrezept)

4 Portionen

30 dkg Mehl, 6 dkg Butter, 2 Eier, 1/8 l Milch, Salz.

Mehl, zerlassene Butter, Eier und Salz in einen Kessel geben und mit Milch gut verrühren. Von der Flüssigkeit soviel dazugießen, daß ein nicht zu fester Teig entsteht, den man abschlägt und möglichst sofort kocht. Aus dieser Masse sticht man mit einem nassen Teelöffel Nockerl aus und gibt sie in das kochende Salzwasser. Die Nockerl ein paar Minuten kochen lassen, anschließend auf ein Sieb schütten, mit kaltem Wasser abschrekken und in heißer Butter schwenken. Nochmals leicht salzen.

Zwiebelnockerl

4 Portionen

Nockerl (Grundrezept), 8 dkg Schweinefett, 2 mittelgroße Zwiebeln.

Das Fett heißwerden lassen, die in Scheiben geschnittenen Zwiebeln darin hellbraun rösten, die abgetropften Nockerl dazugeben, salzen und durchschwenken, bis sie heiß sind.

Knödel

Serviettenknödel

4 Portionen

6 Semmeln, 1/8 l Milch, 3 Eier, Salz, 8 dkg Butter, Butter für die Serviette, Salzwasser, 3 dkg Butter, 3 dkg Bröseln.

Eier werden mit Milch, zerlassener Butter und Salz verquirlt und über kleinwürfelig geschnittene Semmeln gegossen. Wenn die Semmeln die Flüssigkeit aufgesogen haben, werden sie in eine bebutterte Serviette eingebunden und in kochendem Salzwasser 3/4 Stunden gekocht. Der gekochte Knödel wird aus der Serviette genommen, in Scheiben geschnitten und angerichtet. Man übergießt die Scheiben mit angerösteten Bröseln.

Soll flaumig und leicht sein

Böhmische Knödel

4 Stück

2 würfelig geschnittene Semmeln, 25 dkg Mehl, 1/4 l Milch, 1 Ei, Salz.

Die Semmelwürfel im Rohr bähen, aus Mehl, Ei, Salz und Milch einen weichen Nockerlteig bereiten, die Semmelwürfel hinzugeben, anziehen lassen und aus der Masse mit dem Schöpflöffel Knödel ausstechen, rund formen und in Salzwasser 18 Minuten kochen.

Grenadiermarsch

4 Portionen

½ kg Kartoffeln, gekocht, 15–20 dkg gekochte Fleckerl, Hörnchen oder Bandnudeln, 2 EL Fett, 1 feingeschnittene Zwiebel, Salz, Pfeffer, gehackte Petersilie.

Die feingeschnittene Zwiebel wird in heißem Fett goldgelb geröstet, die blättrig geschnittenen Kartoffeln mitgeröstet. Würzen, zum Schluß die Teigwaren beigeben. Alles gut vermischen und im heißen Rohr etwas ziehen lassen.

Man kann ebenfalls übrig gebliebene Knödel dazu verwenden.

Diese Speise ist eine herrliche Verwendung von Resten, man kann sie zu Fleisch beigeben oder als Hauptspeise mit verschiedenen Salaten servieren.

Wenn Onkel Boby kommt: nicht vergessen, die doppelte Menge machen!

Notizen & weitere Rezepte:

fig · 7

Saucen

Paradeis isch gut!

a) warme Saucen

Paradeissauce
Paradiesäpfelsauce auf Wiener Art

ca. 8 Portionen

$1\,^{1}/_{2}$ kg Paradiesäpfel, 1 Zwiebel, Petersiliengrün, 2 dkg Fett, Einbrenn: 10 dkg Butter, 10 dkg Mehl, Wasser oder Rindsuppe, Salz, Zucker nach Geschmack, $^{1}/_{16}$ l Rotwein, Zitronensaft nach Geschmack.

Die gewaschenen Paradiesäpfel werden in die Hälfte gebrochen und auf in Fett angerösteten Zwiebeln und Petersilie gedünstet und passiert. Man bereitet eine lichte Einmach, gießt diese mit Rindsuppe auf, salzt sie, gibt Zucker und Zitronensaft und Rotwein nach Geschmack hinzu und läßt die Sauce eine Weile verkochen.

Anmerkung: Diese Sauce kann man auch aus Paradiesäpfelmark herstellen (ungefähr 25 dkg).

Dillsauce

4 Portionen

Einbrenn: 4 dkg Fett, 4 dkg Mehl, Petersiliengrün, Zwiebel, 1 Büscherl Dillkraut, Wasser oder Rindsuppe, Zitronensaft oder Essig, Salz, 3 EL Rahm.

Eine hellgelbe Einbrenn, in der man feingehackte Zwiebel und Petersilie anrösten ließ, wird mit Wasser oder Rindsuppe aufgegossen. Dann mengt man den Rahm, Zitronensaft oder Essig und Salz dazu, gibt das feingehackte Dillkraut hinein und läßt die Sauce eine Weile verkochen.

Und dazu noch ein gekochtes Rindfleisch hm!

Pilzlingsauce

4 Portionen

30 dkg Schwämme, Zwiebel, Petersiliengrün, 4 dkg Butter, 5 dkg Mehl, Wasser oder Rindsuppe, $^{1}/_{16}$ l Rahm, Salz, Zitronensaft.

Geputzte, geschnittene Schwämme werden in Butter, in der man Zwiebel und Petersilie anlaufen ließ, weichgedünstet. Dann macht man eine hellgelbe Einmach, gießt sie mit Rindsuppe auf, läßt sie verkochen, gibt Rahm, Salz hinzu, läßt die Schwämme in dieser Sauce noch 15 Minuten kochen und würzt mit Zitronensaft nach.

Zwiebelsauce

4 Portionen

15 dkg Zwiebeln, 3 dkg Zucker, 5 dkg Fett, 4 dkg Mehl, Wasser oder Rindsuppe, Salz, Essig nach Geschmack.

Zucker wird in heißem Fett gelbgeröstet, blättrig geschnittene Zwiebeln werden darin braun angeröstet und mit Mehl gestaubt. Nachdem das Mehl gebräunt ist, wird mit Rindsuppe aufgegossen und gut verkocht. Die Sauce wird passiert oder im Mixer püriert, gesalzen und mit Essig oder Zitronensaft gesäuert.

Knoblauchsauce

4 Portionen

4 dkg Fett, 4 dkg Mehl, Salz, 3–4 Knoblauchzehen, je nach Größe.

Knoblauch wird geschält und fein zerdrückt. In einer lichten Einbrenn läßt man den Knoblauch kurz aufschäumen, gießt mit Wasser oder Rindsuppe auf, salzt und läßt die Sauce einige Zeit verkochen.

Semmelkren

4 Portionen

4 Semmeln, ca. 3/8 l Rindsuppe, 1 TL Zucker, Salz, Pfeffer, Muskat, Zitronensaft nach Geschmack, 1 dkg Butter, 8 dkg geriebenen Kren, 2 EL Obers oder Milch.

Die entrindeten Semmeln in dünne Scheiben schneiden, mit kochender Rindsuppe übergießen, mit einem Schneebesen zu Brei schlagen, mit etwas Zucker, Pfeffer, Muskat, Salz und Zitronensaft abschmecken, etwas frische Butter dazurühren und zum Schluß den geriebenen Kren beigeben und kurz verkochen. Man kann den Semmelkren nach Wunsch mit etwas Milch oder Obers legieren. Besonders fein wird dieser Semmelkren, wenn man die entrindeten und in Suppe aufgeweichten Semmeln passiert und dann erst weiterbehandelt. Der Semmelkren ist eine der klassischen Beilagen zum gekochten Rindfleisch.

b) kalte Saucen

Mayonnaise

3 Dottern, 1/8 l Öl, Essig nach Geschmack, 1/2 TL Worcestersauce, Saft von einer halben Zitrone, 1/2 TL Senf, Salz, 1 Messerspitze Pfeffer.

Zunächst Eidotter mit Senf, Salz, Pfeffer und einigen Tropfen Zitronensaft oder Essig mit dem Schneebesen kräftig verrühren. Dann wird tropfenweise Öl eingerührt. Wenn die Mayonnaise anfängt sich zu ballen, werden noch Pfeffer, französischer Senf, Essig und eventuell ein wenig Zucker eingerührt. Bereitet man die Mayonnaise aus statt 3 Eidottern mit einem ganzen Ei, erzielt man damit die gleiche Menge, die aber leichter ist.

Im Mixer zubereitete Mayonnaise

Eier, Gewürze wie vorstehend, 1/3 l Öl.

1 Eidotter, 1 ganzes Ei und Gewürze mit etwas Öl auf der 2. Stufe emulgieren.

Tartarensauce auf Wiener Art

30 dkg Mayonnaise, 1 Essiggurke, 1 EL Kapern, Petersiliengrün, 4 dkg Zwiebeln.

Leicht verdünnte Mayonnaise mit Essiggurke, Kapern, Petersiliengrün, Zwiebeln, alles sehr fein, fast püreeartig zerhackt, verrühren. Mit etwas Worcestersauce nachwürzen.

Schnittlauchsauce von Mayonnaise

Mayonnaise die Hälfte der Menge (siehe Mayonnaise). 2 Dottern, 1 Ei, 2 Semmel, Essig, Wasser, Schnittlauch, eine Mayonnaise wird mit hartgekochten passierten Dottern, einem hartgekochten, passiertem Ei, entrindeten, in gewässertem Essig geweichten und passierten Semmeln und mit kleingeschnittenem Schnittlauch vermengt.

Anmerkung: Sehr kalt servieren. Klassische Beigabe zu gekochtem Rindfleisch.

Apfelkren

3 mittelgroße Äpfel, Zitronensaft, 2–3 EL feingeriebenen Kren, Salz, Essig, Wasser.

Die geschälten, rohen Äpfel werden gerissen, mit Zitronensaft beträufelt, mit dem Kren sowie 1–2 EL Öl gut verrührt und mit Salz und Zucker gewürzt.

Notizen & weitere Rezepte:

Notizen & weitere Rezepte:

fig. 8

Salate

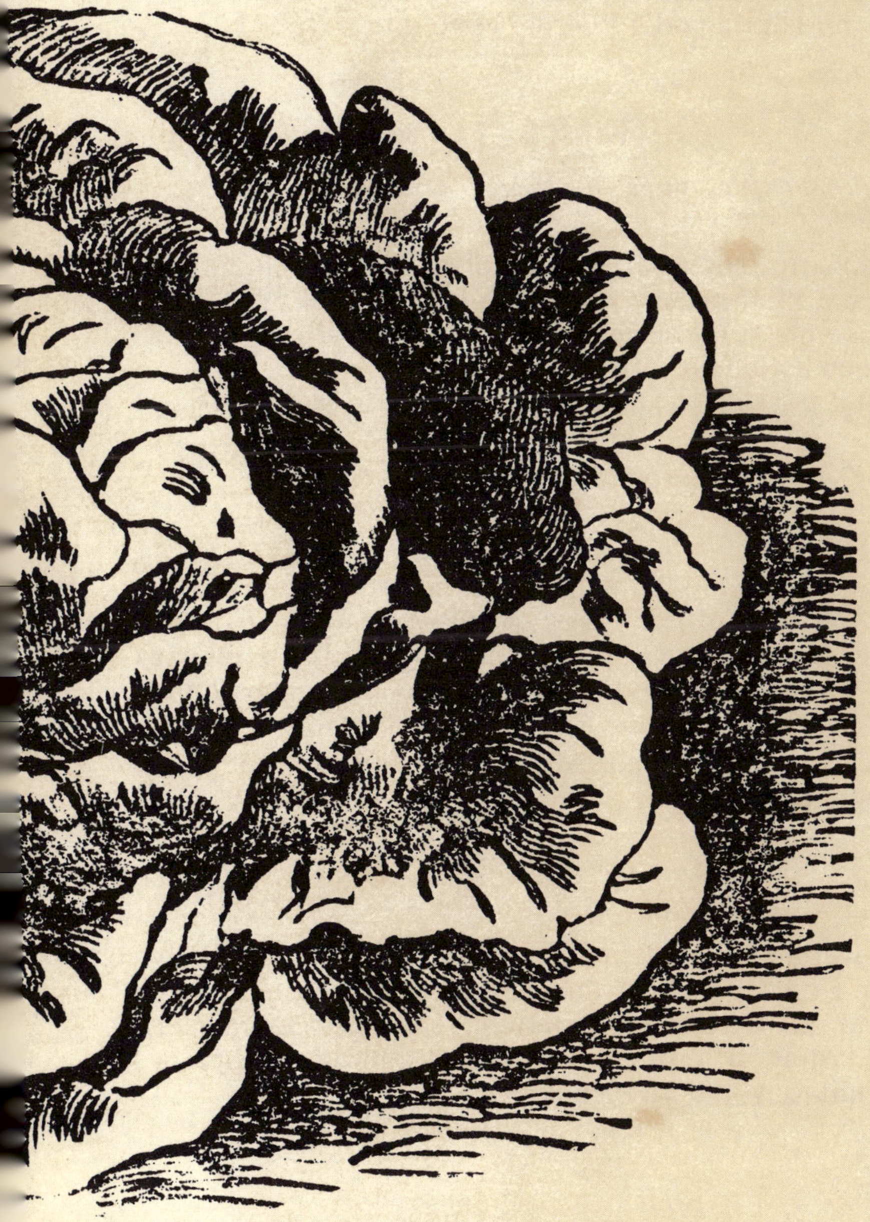

Gurkensalat

Gurken werden geschält, in dünne Scheiben geschnitten, mit Salz 1/2 Stunde stehen gelassen. Man gibt nach Geschmack zerdrückten Knoblauch dazu. Das austretende überflüssige Gurkenwasser wird abgegossen, die Gurken aber nicht ausgedrückt. Der Salat wird mit Paprika oder Pfeffer bestreut.

Kartoffelsalat

Kipflerkartoffeln, heiße Rindsuppe, Essig, Salz, Pfeffer, Öl, Zwiebel.

Die gekochten Kartoffeln schälen, auskühlen lassen, dünnblättrig schneiden, salzen, pfeffern und mit wenig heißer Rindsuppe und Essig benetzen. Zuletzt Öl beigeben. Der Kartoffelsalat wird mit feingeschnittenen Zwiebeln vermischt.

Anmerkung: Bei Kartoffelsalat darf mit Öl nicht gespart werden.

Ein Kartoffelsalat muß rutschen.

Bohnensalat »Wiener Art«

Bohnen werden ca. 2 Stunden eingeweicht und dann in kaltem, ungesalzenem Wasser auf das Feuer gestellt und weichgekocht. Man gießt das Kochwasser ab, vermischt sie noch warm mit Essig, Öl und Salz, pfeffert sie und bestreut sie mit feingeschnittener Zwiebel. Wer es liebt, kann Knoblauch beifügen.

Der fertige Bohnensalat soll mindestens zwei Stunden vor dem Anrichten zubereitet sein.

Zellersalat

Entwässert sehr!

Zellerknollen werden geschält und in dünne Scheiben geschnitten, die man in gesalzenem, mit Zitronensaft gesäuertem Wasser weichkocht und mit Öl und gezuckertem Essig übergießt; oder feinnudelig geschnitten mit ebenso feingeschnittenen Äpfeln vermengt und mit Mayonnaise vermischt.

Mayonnaisesalat

1 kg Kipflerkartoffeln, 2/3 Mayonnaise des Grundrezeptes, Essig.

Gekochte Kipflerkartoffeln werden geschält, in Scheiben geschnitten und mit Mayonnaise, der man noch etwas Essig zugesetzt hat, gut vermengt. Durch einige Tropfen Bertram-Essig kann der Geschmack verbessert werden.

Paradeismayonnaisesalat - Berti

1 kg Paradeiser, 2/3 Mayonnaise des Grundrezeptes, Essig, Salz, Pfeffer.

Die Paradeiser werden kurz in kochendem Wasser blanchiert. Man zieht ihnen die Haut ab, schneidet sie in Scheiben und klopft alle Kerne sehr gut heraus. Die Paradeisscheiben werden nun in Essigwasser, Salz und Pfeffer eingelegt und 1 Stunde im Eiskasten stehen gelassen. Man schüttet die Paradeiser auf ein Sieb und klopft sie so lange ab, bis jedes Essigwasser heraußen ist. Dies ist besonders wichtig, da sonst die Mayonnaise zu sehr verdünnt wird. Die nun gut ausgeklopften Paradeisscheiben vermischt man mit sehr ballig gerührter Mayonnaise und mischt geschnittenen Schnittlauch nach Geschmack dazu. Dieser Salat muß gekühlt serviert werden und ist zu Wiener Schnitzel und Backhuhn die erlesenste Beigabe.

Was Besseres
gibts nicht.

Notizen & weitere Rezepte:

Notizen & weitere Rezepte:

fig · 9

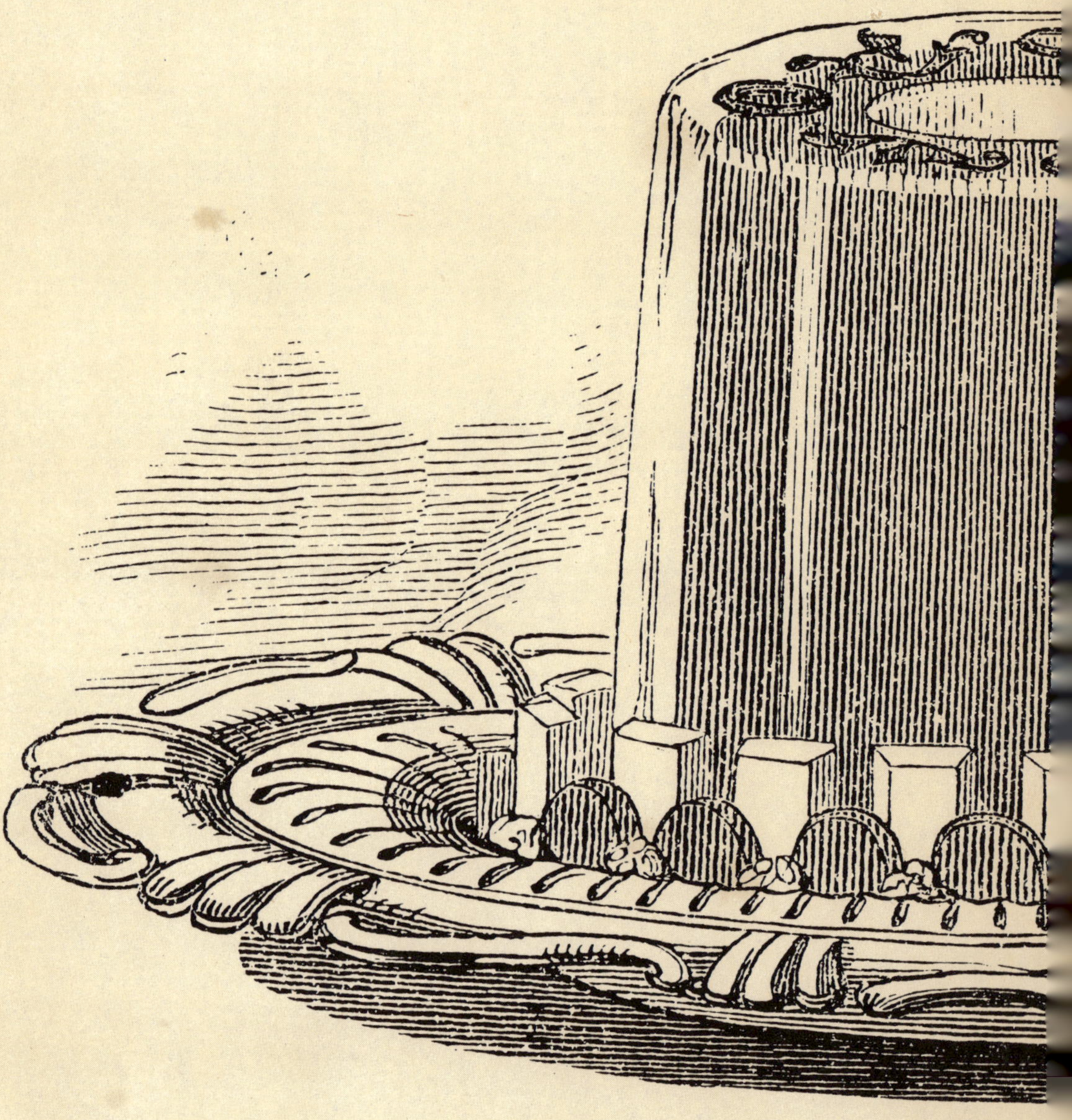

Mehl- und Süßspeisen

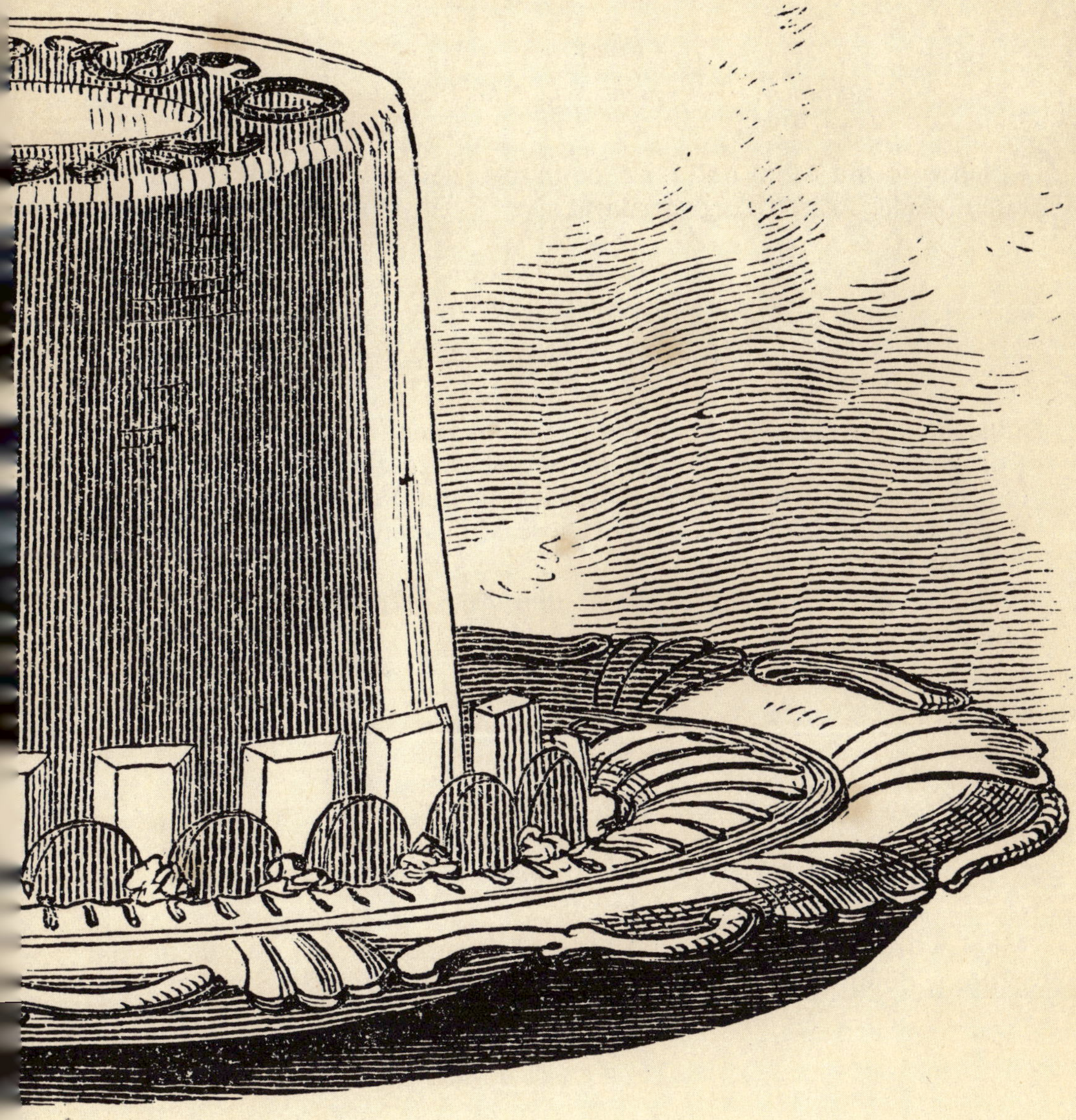

Die Wiener Mehlspeisen sind wirkliche Wunder der Kochkunst, ob Torte oder einfache Hausmehlspeise. Das Wiener Menü schließt immer mit einer Mehlspeise.

Aus Backteig

Ein Gustopferl oder kein Schlankmacher

Backteig mit Milch

4 Portionen

1/8 l Milch, 10 dkg Mehl, Salz, 1 Ei, 1 dkg Zucker, 1/2 EL Rum.

Milch wird mit Mehl und Salz, dann mit Ei, Zucker und Rum zu einem dickflüssigen Teig verrührt.

Apfelspalten (gebacken)

80 dkg Äpfel, Backteig wie vorstehend, 12 dkg Fett, 3 dkg Zucker zum Bestreuen.

Säuerliche große Äpfel werden geschält, nach Entfernung des Kerngehäuses in ca. 1/2 cm dicke Scheiben geschnitten in Backteig getaucht, in heißem Fett gebacken, auf Filterpapier abgetropft und mit Zucker bestreut. Diese Mehlspeise muß sehr heiß zu Tisch gegeben werden.

Anmerkung: Wer es liebt, kann den Zucker noch mit Vanille und Zimt versetzen.

Aus Omelettenteig

Palatschinken

Teig: 25 dkg Mehl, 2 Dotter, Salz, 6 dkg Zucker, 1/2 l Milch, 8 dkg Fett, Marmelade, Zucker zum Bestreuen.

Mehl wird mit Milch, den Dottern, Salz und Zucker zu einem glatten, dünnflüssigen Teig verrührt. In einer Omelettenpfanne läßt man ein wenig Fett heiß werden und gießt dann soviel vom Teig hinein, daß der Boden der Pfanne, die man etwas wendet, damit sich der Teig gleichmäßig verteilen kann, dünn bedeckt ist. Bei mittlerem Feuer läßt man nun die Palatschinken erst auf der einen, dann auf der anderen Seite hellbraun backen. Mit dem übrigen Teig wird auch in derselben Weise verfahren. Die Palatschinken bestreicht man mit Marmelade, rollt sie zusammen, richtet sie an und bestreut sie mit Zucker. Palatschinken müssen sofort aufgetragen werden.

Anmerkung: Der Teig kann mit einigen Tropfen Rum verbessert werden. Man kann auch etwas weniger Milch und dafür einen Schuß Sodawasser beigeben – dadurch wird die Palatschinke noch leichter und dünner.

Rahmpalatschinken

4 Portionen

Teig wie obenstehend.
Fülle: 7 dkg Butter, 6 dkg Zucker, 2 Dotter, 1/8 l Rahm, 3 dkg Semmelbrösel, 5 dkg Rosinen, Klar von 4 Eiern, 1/8 l Rahm, 2 Dotter, Butter und Brösel für die Auflaufschüssel.

Palatschinken werden mit der Hälfte nachstehender Fülle bestrichen: zu flaumig gerührter Butter gibt man nach und nach Dotter, Zucker, Rahm, Semmelbrösel, Rosinen und den Schnee von Eiklar. Die Palatschinken werden in eine mit Butter bestrichene und mit Brösel bestreute Auflaufschüssel geschichtet, mit dem Rest der Fülle, mit Rahm, den man mit Dotter versprudelt hat, übergossen und im Rohr ca. 1/2–3/4 Stunde gebacken.

Wenn Gusti kommt! mit geriebenen Nüssen füllen und Schokolade übergießen.

Böhmische Dalken

Teig: $^1/_2$ l Milch, 25 dkg Mehl, 10 dkg Zucker, 1–2 Dotter, Salz, Klar von 1–2 Eiern, 1 TL Backpulver, 1 TL Rum, Fett zum Backen, Bowidl oder Marmelade, Zucker zum Bestreuen.

Milch wird mit Mehl gut verquirlt, dann mit Dotter, Zucker, Salz, dem Schnee von Eiklar, Backpulver und Rum verrührt. In den Vertiefungen einer Dalkenform läßt man etwas Fett heiß werden, gibt je einen Eßlöffel Teig hinein, bäckt die Dalken beiderseits auf dem Feuer und setzt sie mit Bowidl oder Marmelade zusammen. Man bestreut sie mit Zucker. Sie sollen sehr heiß serviert werden.

Aus mürbem Teig

Mürbe Teige sind auf dem Brett zu arbeiten. Als Fett wählt man Butter oder Margarine.

Mengenverhältnis – 3 : 2 : 1
(30 dkg Mehl, 20 dkg Butter, 10 dkg Zucker).

Zubereitung:
Die Butter wird in das Mehl geschnitten. Harte Butter ist nach dem Vermischen mit dem Mehl mit dem Rollholz leicht durchzurollen, mit dem Messer fein zu zerschneiden und mit den Händen rasch und kurz abzubröseln (Mürbteig - Bröselteig). Die übrigen Zutaten werden dazugegeben und mit möglichst kühlen Händen rasch zu einem Teig verknetet. Der Teig darf nicht lange abgearbeitet werden. Für Mürbteig soll man immer glattes Mehl verwenden. Nach Verarbeitung des Teiges soll er mindestens $^1/_2$ Stunde kühlgestellt werden.

Ribiselschnitten (Johannisbeeren) mit Schneehaube

Mürber Teig: 18 dkg Mehl, 12 dkg Butter, 2 Dotter, 6 dkg Zucker, Zitronenschale, 30 dkg Ribisel, 6 dkg Zucker, Wasser, Klar von 2 Eiern, 5 dkg Zucker.

Butter wird mit Mehl abgebröselt, mit Zucker, Dottern und Zitronenschale auf dem Brett rasch verarbeitet, wie vorher beschrieben, welchen man 1/2 Stunde kühl rasten läßt. Hierauf rollt man ihn messerdick aus, überbäckt ihn auf unbestrichenem Blech und bestreicht ihn nach dem Auskühlen mit eingekochtem, kaltem Ribiselsaft, belegt ihn mit den aufgekochten Ribiseln, worauf man die unten angegebene Schneemasse dünn überstreicht und den Kuchen für kurze Zeit, bis zum Gelbwerden der Schneemasse, nochmals ins Rohr schiebt.

Ribiselfülle: Im kochenden Zuckerwasser läßt man die Ribisel einmal aufkochen, faßt sie mit Siebschöpfer heraus und dickt den Saft bis zur Geleeprobe ein.

Schneemasse: festgeschlagener Schnee wird mit Staubzucker leicht vermischt.

Weichselrahmschnitten – Berti

Mürber Teig: 18 dkg Mehl, 12 dkg Butter, 1 Dotter, 6 dkg Zucker, 1 kg Weichseln oder Kompottweichseln (Sauerkirschen), 7 dkg Zucker, 4 Dotter, 1 EL Maizena (Reispuder), 1/4 l Sauerrahm, Vanillestange, Zimt.

Man bröselt Butter mit Mehl ab, gibt dann Zucker und Dotter dazu und vermengt alles rasch zu einem Teig, den man auswalkt und in eine Tortenform eindrückt. Der Teig soll licht gebacken sein. Nun macht man die Creme aus Zucker, Dotter, Maizena, die man zuerst verrührt, sauren Rahm dazugibt, über Dampf zu fester Vanillecreme aufschlägt. Auf den gebackenen Tortenboden ein wenig Creme verstreichen, die entkernten Weichseln dicht darauflegen, mit Zimt leicht einstauben, den Rest der Creme darüberstreichen und mit Oberhitze im Rohr so lange backen, bis der Kuchen eine leichte Bräunung erfährt.

Süß und · pikant
auf einmal
– ein Mehlspeistraum

Mürber Apfelkuchen »Berti«

Man bereitet einen Mürbteig aus 7 dkg Zucker, 14 dkg Butter, 21 dkg Mehl, 1 Eidotter, verarbeitet den Teig wie beim Mürbteig beschrieben. Man rollt den fertigen Teig ungefähr 1 cm dick aus und legt ihn in eine Tortenform. Aus dem überflüssigen Teig macht man eine Rolle, die man auf den ausgelegten Boden darauflegt und mit dem Daumen am Rand der Tortenform eindrückt (ca. 4 cm hoch). Der Teig wird mit einer Gabel gestupft, damit die Tortenfläche beim Backen keine Blasen wirft. Der Tortenboden wird im Rohr langsam hellgelb ausgebacken.

Fülle: 1 kg saure, geschälte Äpfel werden sehr fein geblättert und mit Zucker und Zimt, 1 EL Rum und einigen Rosinen vermengt und auf den Tortenboden gegeben. Aus dem Rest des Teiges formt man kleine Rollen und legt sie wie ein Gitter darüber. Man bäckt den Kuchen bei Oberhitze, damit das Gitter sich bräunlich färbt.

Anmerkung: Man kann vor dem Ausbacken des Gitters gestiftelte, geschälte Mandeln darüberstreuen.

Wiener Tascherln

Mürbteig: 21 dkg Mehl, 14 dkg Butter, 7 dkg Zukker, Zitronenschale, 1 Dotter (hartgekocht), 1 Dotter (roh), 10 dkg Ribiselmarmelade, Klar von 1 Ei zum Bestreichen.

Mehl wird mit Butter abgebröselt, mit Zucker, feingehackter Zitronenschale, hargekochtem, passiertem und rohem Dotter rasch zu einem Teig geknetet, den man ca. 3 mm dick auswalkt und in Quadrate von ca. 8 cm Seitenlänge radelt. Jedes der Quadrate wird in der Mitte mit Ribiselmarmelade belegt. Die Ecken der Quadrate werden zusammengefaßt und festgedrückt. Die Tascherl werden mit Eiklar bestrichen und im Rohr gebacken.

Erdbeerkörbchen

18 dkg Mehl werden mit 12 dkg Butter abgebröselt, mit 6 dkg abgesiebtem Zucker, 1 Dotter und etwas feingehackter Zitronenschale rasch zu einem Teig verarbeitet, den man ca. 1/2 Stunde im Eisschrank rasten läßt. Der Teig wird auf bemehltem Blech ca. messerrückendick ausgewalkt, in der Größe der Körbchenformen ausgestochen, in dieselben eingedrückt und gebacken. Es empfiehlt sich, in den Teig mit dem Messer einige Löcher zu machen, damit die Luft beim Backen entweichen kann und die Form schöner ausbacken kann. Die Körbchen werden dann vorsichtig gestürzt, vor dem Anrichten mittels gezuckertem Schlagobers gefüllt und mit frischen Walderdbeeren bestreut. In das Schlagobers kann man auch 2–3 EL roh passierte Erdbeeren mengen.

Nicht vergessen! für Tante Amalie genügend zu Weihnachten backen.

Vanillekipferl

Mürber Teig: 18 dkg Mehl, 10 dkg Butter, 5 dkg Vanillezucker, 5 dkg Mandeln, 1 Dotter, 6 dkg Vanillezucker.

Mehl, Butter, Zucker, geschälte geriebene Mandeln und Dotter werden auf dem Brett zu einem Teig verarbeitet. Daraus formt man kleine Kipferl, die auf einem Blech gebacken werden und noch heiß in Vanillezucker eingedreht werden.

Aus Nudelteig

Nudelteig

40 dkg Mehl, 2 Eier, Salz, ungefähr 1/10 l Wasser.

Das Mehl wird auf das Nudelbrett gehäuft, in der Mitte eine Grube gemacht, Salz, Ei und etwas lauwarmes Wasser hinzugegeben, mit dem Messer verrührt und dann mit der Hand zu einem festen Teig abgearbeitet. Den Teig teilt man in zwei Teile, knetet jeden Teil noch etwas durch und walkt einen Teil nach dem anderen auf dem mit Mehl bestreuten Brett sehr dünn aus. Diese Flecken läßt man auf dem Brett liegen, bis sie getrocknet sind. Daraus schneidet man Nudeln in der gewünschten Breite oder Fleckerl.

Nuß- und Mohnnudeln

Nudelteig, Salzwasser, 6 dkg Butter, 10 dkg Nüsse, 8 dkg Mohn, 5 dkg Zucker.

Ausgewalkter, getrockneter Nudelteig wird in breite Nudeln geschnitten, die man in Salzwasser kocht, abseiht und mit kaltem Wasser abschreckt. Nach dem Abtropfen gibt man die Nudeln in heiße Butter, vermengt sie mit geriebenen Nüssen oder geriebenem Mohn und bestreut sie vor dem Auftragen mit Zucker.

Topfentascherln

Nudelteig,
Fülle: 8 dkg Zucker, 15 dkg Butter, 1 Dotter, 1 Ei, 40 dkg Topfen, 6 dkg Rosinen, 1/16 l saurer Rahm, Klar von 1 Ei zum Bestreichen, Salzwasser, 12 dkg Butter, 8 dkg Semmelbrösel.

Ein nach Grundrezept Nudelteig bereiteter Teig wird dünn ausgewalkt. Ungefähr 5 cm vom Rand wird der Teig in ebensolchen Abständen mit Topfenfülle belegt und rings um diese mit Eiklar bestrichen. Der Rand des Teiges wird nun über die Fülle geschlagen, rundherum niedergedrückt und viereckige oder runde Tascherl ausgeradelt. Fertige Tascherl werden ca. 10 Minuten in Salzwasser gekocht, abgeseiht, mit in heißer Butter gerösteten Bröseln bestreut.

Topfenfülle: flaumig gerührte Butter wird mit Zucker, Dotter, Ei, passiertem Topfen, Rosinen und saurem Rahm verrührt.

guten Appetit!

Aus Strudelteig

Strudelteig: 25 dkg Mehl, 1 TL Öl, Salz, etwa 1/8 l warmes Wasser.

Man gibt das Mehl auf das Nudelbrett und macht in der Mitte eine Grube. In lauwarmes Wasser gibt man Öl und Salz, verrührt dies mit dem Messer und gießt es nach und nach zum Mehl, verarbeitet dies anfangs mit dem Messer zu einem weichen Teig, den man mit der Hand so lange knetet, bis er ganz glatt ist, dann legt man ihn auf eine bemehlte Stelle des Brettes, bedeckt ihn mit einer erwärmten Schüssel und läßt ihn mindestens 1/2 Stunde rasten. Hierauf wird ein Tischtuch ausgebreitet, mit Mehl bestaubt, darauf der Strudelteig zunächst etwas ausgewalzt, mit zerlassenem Fett oder Öl bestrichen, dann mit den Händen ausgezogen, bis er ganz durchsichtig ist. Den dickbleibenden Rand schneidet man weg, streicht sodann die Fülle auf 2/3 des Teiges, betropft das freie Drittel mit zerlassener Butter und rollt den Strudel, von der mit der Fülle bestrichenen Seite anfangend ein. Den Strudel legt man mit dem Teigrand nach unten auf ein bebuttertes Blech in U-Form.

Ein richtig gemachter Strudelteig soll so dünn sein, dass man eine untergelegte Zeitung noch gut lesen könnte.

Alt-Wiener Apfelstrudel

10 Portionen (siehe Grundrezept)

Fülle: 1 1/2 kg Strudeläpfel, 4 dkg Butter, 8 dkg Semmelbrösel, ca. 10 dkg Zucker, 1/4 l Obers, Zimt, 6 dkg Rosinen, 6 dkg Walnüsse, gehackt, 8 dkg Butter, Staubzucker.

Für den Apfelstrudel sind grüne Äpfel geeignet. Bei stark säuerlichen Äpfeln muß man etwas mehr Zucker nehmen. 2/3 des ganz dünn ausgezogenen Strudelteiges werden mit den in Butter hellbraun gerösteten Semmelbröseln, mit den geschälten, blättrig geschnittenen Äpfeln, mit Zucker, Zimt und Rosinen, eventuell Nüssen, belegt. Man beträufelt das freigelassene Drittel mit zerlassener Butter. Über den mit den Äpfeln belegten Teil gibt man 1/4 l leichtgeschlagenes Obers, welches man glatt verstreicht. Dann hebt man das Tischtuch hoch, rollt den Strudel gegen die freie Teigseite ein und legt den Strudel mit der Teignaht nach unten auf das mit Butter bestrichene Backblech, worauf man den Strudel in Hufeisenform auflegt. Jetzt bestreicht man ihn mit zerlassener Butter, man bepinselt den Strudel während des Backens mindestens noch drei Mal.
Backdauer: ca. 30–35 Minuten.

Der Apfelstrudel kann angezuckert warm oder kalt serviert werden.

Millirahmstrudel (Milchrahmstrudel)

10 Portionen

Strudelteig (siehe Grundrezept)
Fülle: 10 Schneidsemmeln, ca. 1/4 l Milch, 10 dkg Butter, 12 dkg Staubzucker, 10 dkg passierter Topfen, Vanille, Zitronenschale, 5 Eidottern, 1/8 l Sauerrahm, 5 Eiklar, 4 dkg Feinkristallzucker, 7 dkg Rosinen,
Überguß: 1/2 l Milch, 5 dkg Zucker, 1 Ei, Butter zum Bestreichen der Form und zum Beträufeln des Teiges.

Die Semmeln abrinden, in kleine Würfel schneiden und mit Milch befeuchten. Butter, Zucker, Eidotter, passierten Topfen, Vanille und etwas geriebene Zitronenschale schaumig rühren, nach und nach die übrigen Zutaten beigeben (ohne Rosinen, welche man erst auf die aufgetragene Fülle streut), auch die Semmelwürfel. Zum Schluß den mit Zucker ausgeschlagenen Schnee locker darunterziehen. Nun gibt man die Fülle auf den ausgezogenen Strudelteig (nur $^{2}/_{3}$ damit bedecken, wie den Apfelstrudel behandeln). Zusammengerollt in einem feuerfesten, mit Butter bestrichenen Geschirr (Jena-Glas oder Pfanne) im Backrohr ca. 45 Minuten backen. Man gießt sofort $^{1}/_{3}$ des Übergusses dazu, den Rest nach und nach während des Backens. Das heißt, der Milchrahmstrudel wird mehr gekocht als gebakken. Dazu reicht man Vanillecremesauce (siehe unter Cremen). Der Strudel muß warm serviert werden.

Aus Hefeteig (Germteig)

Dampfnudeln mit Creme (Dukatenbuchteln)

4 Portionen Eine Wucht!

Teig: 20 dkg Mehl, $1^{1}/_{2}$ dkg Hefe zur Gärprobe, etwa 3 Löffel Milch, 2 dkg Zucker, 5 dkg Butter, 1 Botter, Salz, 6 dkg Butter, $^{3}/_{16}$ l Milch.

Das Mehl wird in einer Schüssel warmgestellt. Die Hefe verrührt man mit Milch, einer Messerspitze Zucker und mit soviel Mehl, daß ein dünner Tropfteig (Dampfl, Gärprobe) wird und läßt ihn aufgehen. Die geschmolzene Butter wird mit Dottern, der übrigen lauwarmen Milch, dem Zucker und der aufgegangenen Hefe verquirlt und mit Salz zum Mehl gegeben. Dieser nunmehr ziemlich weiche Teig wird gut verrührt und so lange mit dem Kochlöffel abgeschlagen, bis er sich von diesem löst. Nach einstündigem Gehen nimmt man ihn auf das mit Mehl bestreute Brett, formt eine Rolle und schneidet davon nudelförmige Stücke, taucht sie in zerlassene Butter, legt sie in eine Auflaufschüssel, in der man Milch warmwerden ließ, läßt sie noch eine halbe Stunde gehen und bäckt sie im Rohr hellgelb. Man trägt dazu folgende Creme auf:

$^{1}/_{2}$ l Milch, 8 dkg Zucker, Vanillezucker, 3–4 Dotter, 2 dkg Stärkemehl über Dunst dicklich schlagen, 5 dkg zerlassene Butter einrühren.

Germknödel

4–6 Portionen

Germteig: 25 dkg Mehl, etwa $1/8$ l Milch, 1 Ei, 1 Dotter, 2 dkg Zucker, 5 dkg Butter, Salz, Zitronenschale, Dampfl; 1 dkg Hefe, 1 dkg Zucker, $1/16$ l Milch, etwa 2 dkg Mehl,
10 dkg Bowidl, Rum, Zimt, 15 dkg Butter zum Übergießen, $1/8$ l Mohn, Zucker zum Bestreuen.

Erwärmtes Mehl wird mit der Gärprobe (Dampfl), ferner einer Mischung aus lauwarmer Milch, Ei, Dotter, Zucker, geschmolzener Butter, Salz und Zitronenschale zu einem Teig vermengt. Dieser wird sehr gut abgeschlagen, bis er sich vom Kochlöffel löst. Den Teig, der ziemlich fest gehalten sein muß, läßt man 1 Stunde lauwarm aufgehen. Dann sticht man ihn mit einem Löffel in Form von Nockerl aus, drückt diese mit der bemehlten Hand auseinander, gibt den Bowidl hinein und formt Knödel daraus, die man auf einem gemehlten Brett warm auf der zugedeckten Seite aufgehen läßt (ca. $1/2$ Stunde). Dann legt man sie (nicht zuviel auf einmal, da sie sehr groß werden) mit der zugedeckten Seite nach unten auf ein befettetes Sieb, deckt diese mit einem Deckel zu und kocht sie über Dunst ungefähr 7 Minuten. Wenn man viele Knödel kochen muß und sie daher nicht auf einmal einlegen kann, so gibt man die bereits gekochten Knödel in eine Pfanne mit etwas zerlassener Butter und stellt sie ins offene Rohr oder über Dunst.

Zum Schluß bestreut man sie mit Mohn und Zucker und übergießt sie mit zerlassener Butter.

Anmerkung:

Germknödel Berti:

Germknödel wie soeben beschrieben, werden statt mit Powidl mit Marillenmarmelade gefüllt. Statt Mohn werden sie mit geriebenen Nüssen bestreut.

A so a Mehlspeis'
is a Flaum
und der meisten
Gaumen Traum.

Gebackene Mäuse

Recht fett!

Germteig: 15 dkg Mehl, Salz, 3 dkg Butter, etwa 1/4 l Milch, 2 dkg Zucker, 1 Dotter, 1 dkg Hefe für Gärprobe, 1 EL Rum, 2 dkg Rosinen, 15 dkg Fett, Himbeersaft.

Vorgewärmtes Mehl wird gesalzen und mit lauwarmer Milch, Zucker, Dotter, zerlassener Butter und einer Gärprobe aus Hefe und Rum zu einem nicht zu festen Teig vermengt, den man so lange abschlägt, bis er sich vom Kochlöffel löst. Zuletzt gibt man die Rosinen hinein. Nach einstündigem Rasten an einem warmen Ort formt man mit Hilfe eines Eßlöffels, den man in das heiße Fett taucht, aus dem Teig Nockerl, die man in heißem Fett unter anfänglichem Schütteln langsam gelb bäckt und auf Filterpapier abtropfen läßt.

Beigabe: Himbeersaft

Stollen »Berti«

1/2 kg Mehl, 2 1/2 dkg Germ, 5 dkg Zucker, Salz, 17 dkg Butter, 2 ganze Eier, Zitronenschale und Vanillegeschmack, 12 dkg Rosinen, 12 dkg Korinthen, 12 dkg Zitronate (feingeschnitten), 12 dkg Orangenschalen (feingeschnitten in Würferl), ca. 1/8 l Rum.

Die angegebenen Früchte wie Rosinen, Korinthen, Zitronate und Orangenschalen werden mit Rum sehr gut angefeuchtet und über Nacht stehen gelassen. Dann bereitet man aus Mehl, Germ, Zucker, Butter, den Eiern und Milch einen Germteig, den man zu einem festen glatten Teig verarbeitet. Die Früchte, die vorgewärmt sein sollen, werden nun in den Teig sehr gut eingearbeitet. Nun soll der Teig längere Zeit rasten, wobei er öfter zusammengeklopft wird. Dann wird der Stollen geformt, man macht an der Seite mit dem Messerrücken eine Kerbe, legt ihn auf ein wenig befettetes Backblech und läßt ihn abermals zugedeckt 1/2 Stunde warm stehen. Dann bäckt man den Stollen bei mittlerer Hitze. Nach dem Backen noch warm mit zerlassener Butter bestreichen und dicht mit Zimt und Zucker bestreuen.

Topfenkolatschen aus Germteig

Teig: 30 dkg Mehl, 2 dkg Hefe für Gärprobe, 5 dkg Zucker, etwa 1/8 l Milch, 1 Ei, Salz, 5 dkg Butter, 5 dkg Mehl zum Bestreuen des Brettes.
Fülle: 5 dkg Butter, 10 dkg Zucker, 2 Dottern, Klar von 2 Eiern, 25 dkg Topfen, 2 dkg Rosinen, Zitronenschale, Butter für das Blech, Klar von 1 Ei zum Bestreichen, 3 dkg Mandeln.

Man bereitet einen festeren Germteig, schlägt ihn gut ab und läßt ihn aufgehen. Den Teig drückt man auf einem bemehlten Brett auseinander, schneidet viereckige Stücke, gibt Topfenfülle darauf, schlägt die Ecken übereinander, drückt die Kanten zusammen, legt die Kolatschen mit der oberen Seite nach unten auf das befettete Blech und läßt sie nochmals aufgehen, bestreicht sie und streut geschälte gehackte Mandeln darauf und bäckt sie im mäßig heißen Rohr.

Topfenfülle: Butter, Zucker, Dotter werden schaumig gerührt, man gibt passierten Topfen dazu. Wenn dies alles gut verrührt ist, kommen die Rosinen und Zitronenschale hinzu. Nun wird der festgeschlagene Schnee daruntergemischt.

Krammelpogatscherl

12 dkg Krammeln aus Schweinefett, 15 dkg Mehl, 1/16 l saurer Rahm, 1/16 l Weißwein, 1 Dotter, Salz, 2 dkg Hefe für Gärprobe, 1/16 l Milch, Kümmel.

Feingehackte Krammeln, Mehl, Rahm, Wein, Dotter, Salz und in lauwarmer Milch aufgelöste Hefe werden auf dem Brett zu einem Teig verarbeitet, den man dreimal nacheinander auswalkt und wieder zusammenschlägt und 1/2 Stunde im Eiskasten rasten läßt; dann walkt man diesen 1 cm dick aus, sticht kleine runde Formen aus, legt sie auf unbefettetes Blech, bestreicht sie mit Ei, bestreut sie mit Salz und Kümmel und bäckt sie im Rohr.

Zwetschkenkuchen, den muss man versuchen.

Zwetschkenkuchen (Marillen)

Teig: 8 dkg Butter, 5 dkg Zucker, 1 Dotter, 28 dkg Mehl, Salz, Zitronenschale, $1\frac{1}{2}$ dkg Hefe zur Gärprobe, etwa $\frac{1}{8}$ l Milch.
1 kg Zwetschken oder Marillen.

Geschmolzene Butter wird mit Zucker und Dotter verquirlt. Hierauf mit Mehl, Milch, Salz und einer Gärprobe aus Hefe verrührt. Der Teig, der weich gehalten sein soll, wird abgeschlagen und zum Aufgehen an einen warmen Ort gestellt. Nach einstündigem Rasten wird der Teig auf ein befettetes Blech gegeben, mit der bemehlten Hand gleichmäßig dünn auseinandergedrückt, mit entkernten, eingeschnittenen Zwetschken oder Marillen belegt. Man läßt den Teig nochmals $\frac{1}{2}$ Stunde rasten, bäckt ihn und bestreut den fertigen Kuchen mit Zucker.
Bei Zwetschkenkuchen empfiehlt es sich, auch etwas Zimt daraufzustreuen.

Mohnstrudel

40 dkg Mehl, Salz, etwa $\frac{1}{8}$ l Milch, 6 dkg Zukker, 1 Ei, Zitronenschale, 10 dkg Butter
Dampfl: $2\frac{1}{2}$ dkg Hefe, $\frac{1}{16}$ l Milch, 3 dkg Mehl, 1 dkg Zucker
Fülle: 25 dkg Mohn, $\frac{1}{4}$ l Milch, Zitronenschale, Zimt, Rosinen, 10 dkg Zucker, 6 dkg Butter, Klar von 1 Ei zum Bestreichen.

Vorgewärmtes Mehl wird mit Salz, einer Mischung aus lauwarmer Milch, Zucker, Ei, geschmolzener Butter, Zitronenschale und einer Gärprobe aus Hefe zu einem festeren Teig vermengt. Dieser wird abgeschlagen, bis er sich vom Kochlöffel löst. Nach einstündigem Rasten an einem warmen Ort walzt man ihn messerrückendick aus, bestreicht ihn mit Mohnfülle, rollt ihn ein, legt ihn auf ein befettetes Blech und läßt ihn nochmals $\frac{1}{2}$ Stunde gehen. Dann bestreicht man ihn eventuell mit Ei und läßt ihn bei mäßiger Hitze im Rohr backen.

Fülle: geriebener Mohn wird in heißer Milch weichgekocht, mit feingehackter Zitronenschale, Zimt, Rosinen, Zucker und Butter verrührt und nach dem Erkalten auf den Strudel gestrichen.

Striezel

50 dkg Mehl, ungefähr 2 dl Milch, 6 dkg Butter, 7 dkg Zucker, Salz, Zitronenschale, 2 dkg Hefe zur Gärprobe, 8 dkg Rosinen, Butter und Mehl für das Blech, 1 Ei zum Bestreichen.

Aus Mehl, Milch, zerlassenem Fett, Zucker, Salz, Zitronenschalen, Rosinen und dem aufgegangenen Dampfl macht man einen festen Teig, den man auf das bemehlte Brett gibt, sehr gut abarbeitet und zum Aufgehen an einen warmen Ort stellt. Aus dem aufgegangenen Teig formt man einen Striezel, läßt ihn auf bebuttertem Blech nochmals 1/2 Stunde rasten, bestreicht ihn mit Ei und bäckt ihn 1 Stunde anfangs bei größerer, später bei geringerer Hitze.

Tante Emy liebt's ausgiebig – geschlagenes Obers dazugeben!

Aus Mohnmasse

Mohntorte

12 dkg Butter, 15 dkg Zucker, 4 Dottern, 15 dkg Mohn, 5 dkg Zitronat, Zitronenschale, Klar von 4 Eiern, Butter und Mehl für die Form, 3 dkg Zucker zum Bestreuen.

Butter wird flaumig gerührt, mit Zucker, Dottern gut vermengt, mit geriebenem Mohn, feingeschnittenem Zitronat und dem steifen Schnee von Eiklar vermengt. Das Gemenge wird in eine befettete und bemehlte Tortenform gefüllt und ca. 3/4–1Stunde langsam gebacken. Die Torte wird mit Zucker bestreut.

Aus Biskuitmasse

Bischofsbrot

6 Eidottern, 6 dkg Staubzucker, Vanille, Zitronenschale, 1 EL Rum, 6 Eiklar, 6 Feinkristallzucker, 14 dkg Mehl, 15 dkg würfelig geschnittene, kandierte Früchte, 5 dkg Rosinen, 5 dkg Nüsse, 10 dkg Schokolade (beides grobgehackt), 8 dkg Butter.

Mehl, in Würfeln geschnittene Früchte, Nüsse, Rosinen und Schokolade gut vermischen. Die Eidotter werden mit Staubzucker, Rum, Vanille und geriebenen Zitronenschalen sehr schaumig gerührt. Das Eiklar wird zu festem Schnee geschlagen, mit Feinkristallzucker ausgeschlagen und unter den Abtrieb gegeben, mit Mehl und den Früchten sehr vorsichtig vermischt, zuletzt wird die warme flüssige Butter behutsam eingerührt. Die Masse wird in eine mit Papier ausgelegte Form gefüllt und im mittelheißen Rohr langsam gebacken (ca. 40 Minuten). Ist das Bischofsbrot abgekühlt, wird es gestürzt und das Papier abgezogen.

Stephanie-Cremetorte

Großpapa's Geburtstagstorte

4 Dottern, 15 dkg Zucker, 7 dkg Schokolade, 9 dkg Haselnüsse, Klar von 4 Eiern, Butter und Mehl zum Bestreichen des Bleches
Haselnußcreme: $^{1}/_{8}$ l Obers, 3 Dottern, 7 dkg Zukker, 7 dkg Haselnüsse, $^{1}/_{8}$ l Schlagobers, 2 Blätter Gelatine
Himbeercreme: $^{1}/_{8}$ l Schlagobers, 7 dkg Himbeermark, 2 Blätter Gelatine
Schokoladencreme: 6 dkg Schokolade, 6 dkg Zukker, $^{1}/_{16}$ l Wasser, $^{1}/_{8}$ l Schlagobers, 2 Blätter Gelatine, $^{1}/_{4}$ l Schlagobers zum Bestreichen, 4 dkg Zucker, 2 dkg Pistazien.

Zucker und Dottern werden schaumig gerührt, dann mit den geriebenen Haselnüssen, geriebener Schokolade, dem steifen Schnee des Eiklars vermischt. Diese Masse wird auf gut bebuttertem und bemehltem Blech in vier Platten in Größe einer Tortenform gebacken. Die Blätter müssen noch warm vom Blech abgelöst und schön rund zugeschnitten werden. Das erste Blatt wird mit Haselnußcreme, das zweite mit Himbeercreme und das dritte mit Schokoladencreme bestrichen. Man legt die Blätter aufeinander, das letzte unbestrichene Blatt darüber, bestreicht die ganze Torte mit steifem, gezuckertem Schlagobers. Zum Schluß streut man noch geschälte, gehackte Pistazien darauf und stellt die Torte bis zum Servieren ins Eis.

Haselnußcreme: Obers, Zucker, Dottern und geröstete, geriebene Haselnüsse werden über Dampf dickgeschlagen, nach dem Auskühlen mit festgeschlagenem Schlagobers und aufgelöster Gelatine verrührt.

Himbeercreme: In fest geschlagenes Schlagobers rührt man das Himbeermark, die aufgelöste Gelatine und eventuell nach Geschmack etwas Zucker ein.

Schokoladencreme: Zucker wird mit Wasser bis zum Spinnen gekocht, mit erweichter Schokolade glatt verrührt und mit steifem Schlagobers und aufgelöster Gelatine verrührt.

Zum nächsten Faschingsfest nicht vergessen

Punschkrapferl

4 Eier, 10 dkg Zucker, 10 dkg Mehl, 3 dkg Butter;
Fülle: 5 dkg Marmelade, 3 dkg Schokolade, etwa 4 EL Rum;
Punschglasur: 2 dkg Würfelzucker (etwa 1/8 l gesponnener Zucker), 1/8 l Wasser, 25 dkg Staubzucker.

Zucker und Eier werden über Dunst dickschaumig geschlagen, nach dem Erkalten rührt man Mehl und zuletzt überkühlte zerlassene Butter dazu. Die Masse wird auf einem mit Papier belegten Blech fingerdick aufgetragen, im Rohr gebacken, noch heiß vom Papier abgelöst. Ausgekühlt werden Scheiben im Durchmesser von 4 cm ausgestochen, je 2 mit nachstehender Fülle zusammengesetzt. Das Zusammensetzen nimmt man am besten so vor, daß man die gefüllten Krapferl in den Ausstecher zurückgibt und mittels eines Gewichtes zusammendrückt, so daß sich die weiche Fülle gleichmäßig verteilt. Die so vorbereiteten Krapferl werden dann mit Punschglasur überzogen.

Fülle: die beim Ausstechen verbleibenden Abfälle mit Marmelade, erweichter Schokolade und Rum, allenfalls mit etwas Zitronen- und Orangensaft und gesponnenem Zucker leicht verrührt.

Glasur: in gesiebtem Staubzucker wird soviel warmer, bis zur Perle gesponnener Zucker eingemengt, daß sich die Glasur rühren läßt. Hernach wird die Glasur ½ Stunde gerührt, allenfalls noch mit gesponnenem Zucker vermengt, bis sich ein darin eingetauchter Kochlöffel dicklich überzieht. Man gibt der Glasur Aroma durch Beigabe von Rum. Man kann sie durch einige Tropfen roter Lebensmittelfarbe rosa färben und mit einer kandierten Kirsche verzieren.

Das schmeckt!!!

Maicremetorte

Biskuitteig: 2 Dottern, 4 Eier, Zitronenschale, 14 dkg Zucker, 5 dkg Reismehl, 5 dkg Weizenmehl, Butter und Mehl für die Form
Creme: ¼ l Schlagobers, 3 dkg Zucker, 1/16 l Erdbeermark, 15 dkg frische Erdbeeren.

Eier, Dotter, feingehackte Zitronenschalen und Zucker werden über Dunst sehr dickschaumig geschlagen. Dieses Gemenge wird nun vom Dunst entfernt und mit der Schneerute kaltgeschlagen, worauf man es mit Reismehl, Weizenmehl und ausgekühlter, zerlassener Butter vermengt und in einer befetteten und bemehlten Tortenform bäckt. Kurz vor dem Auftragen wird die erkaltete Torte 2 cm hoch mit Erdbeercreme bestrichen, mit frischen Erdbeeren bestreut und so lange ins Eis gestellt, bis die Creme steif ist.

Erdbeercreme: In fest geschlagenes Schlagobers werden Zucker und Erdbeermark leicht eingerührt.

Aus Weißgebäck

Scheiterhaufen

6 (alte) Semmeln, 1/4 l Milch, 2 Eier, 3 dkg Rosinen, 3 dkg Mandeln, 6 dkg Butter, 6 dkg Zucker, 1/2 kg Äpfel, Butter zum Bestreichen der Schüssel.

Semmeln werden blättrig geschnitten und mit Milch, in der die Eier versprudelt wurden, übergossen. Wenn sie gleichmäßig durchfeuchtet sind, legt man sie in eine befettete Auflaufschüssel schichtenweise ein, belegt jede Schichte mit Rosinen, gestiftelten Mandeln, geschälten, blättrig geschnittenen Äpfeln, Zukker, schließt mit Semmelmasse und darüber Butterflocken ab und bäckt sie bei mäßiger Hitze hellbraun.

Kaiserkoch

8 dkg Butter, 5 dkg Zucker, 3 Dottern, 4 (alte) Semmeln, 1/8 l Milch zum Einweichen, 5 dkg Mandeln, Klar von 3 Eiern, Butter und Brösel für die Schüssel, Kirschen.

Zu flaumig gerührter Butter gibt man nach und nach Zucker, Dotter, entrindete, in Milch erweichte, ausgedrückte und passierte Semmeln, geschälte geriebene Mandeln und den steifen Schnee von Eierklar. Die Hälfte dieser Masse wird in eine befettete, mit Bröseln bestreute Auflaufform gefüllt, mit Kirschen belegt, mit der zweiten Hälfte der Masse überdeckt und ca. 1/2 Stunde gebacken.

Rezept von Tant' Leopoldine – sie hat's vom Kaiser seinen Jager Hiesl.

Aus Nußmasse

Nußschaumtorte

1 Ei, 6 Dotter, 17 dkg Zucker, 11 dkg Nußkerne, Klar von 6 Eiern, 5 dkg Brösel, Butter und Mehl zum Bestreichen der Form;
Fülle: 5 dkg Marmelade, ¹/₄ Schlagobers, 5 dkg Zucker, Kaffeeglasur, 4 dkg Nußkerne.

Ein Gemenge aus Ei, Dottern und Zucker wird schaumig gerührt, dann mit geriebenen Nüssen, dem steifen Schnee von Eiklar und Biskuitbröseln verrührt, in eine befettete und bemehlte Tortenform gefüllt und gebacken. Wenn die Torte kalt ist, wird sie in der Mitte durchgeschnitten, mit steifem, gezuckertem Schlagobers gefüllt. Die Oberfläche der Torte wird mit Marmelade bestrichen, mit Kaffeeglasur überzogen und mit halbierten Nüssen verziert.

Kaffeeglasur: 2 dkg Würfelzucker (etwa ¹/₈ l gesponnenen Zucker), ¹/₈ l Wasser, 25 dkg Staubzucker, 4 dkg Kaffee.

In gesiebtem Staubzucker wird soviel warmer, bis zur Perle gesponnener Zucker eingemengt, daß sich die Glasur rühren läßt. Hernach wird die Glasur ¹/₂ Stunde gerührt, allenfalls mit gesponnenem Zucker vermengt, bis sie einen darin eingetauchten Kochlöffel dicklich überzieht. In diese Glasur werden noch 2 Eßlöffel starken, schwarzen Kaffees eingerührt.

Aus Schokoladenmasse

Sachertorte

13 dkg Butter, 11 dkg Staubzucker, Vanille, 6 Eidotter, 13 dkg Kochschokolade, 6 Eiklar, 11 dkg Kristallzucker, 13 dkg Mehl, Marillenmarmelade;
Glasur: 20 dkg Zucker, ¹/₈ l Wasser, 15 dkg Schokolade.

Die Butter wird mit dem Staubzucker und Vanillegeschmack sehr schaumig gerührt, dann gibt man nach und nach die 6 Eidotter dazu und rührt mit dem Schneebesen auch die vorgewärmte Schokolade ein. Nun wird der Schnee von 6 Eiklar festgeschlagen, mit dem Feinkristallzucker ganz steif ausgeschlagen und vorsichtig mit dem Kochlöffel unter die obige Masse gerührt. Anschließend wird das Mehl ebenso vorsichtig mit der Masse verrührt. Eine Tortenform mit Butter ausstreichen, mit Mehl ausstauben, die Masse einfüllen und im vorgewärmten Backrohr 1½ Stunden langsam backen (bei 170 °C). Sodann auf ein Haarsieb stürzen, sofort noch einmal auf ein anderes Haarsieb stürzen, so daß die Torte wieder ebenso liegt wie in der Form. Sobald die Torte erkaltet ist, wird sie oben glatt geschnitten, umgedreht, die ehemalige Bodenseite mit erweichter Marmelade bestrichen und mit Schokoladenglasur überzogen.

Schokoladenglasur: Zucker mit Wasser kochen lassen, bis er sich spinnt, sodann die Schokolade hinzugeben, abtreiben, bis die Masse glatt ist, aufkochen lassen, passieren, noch einmal aufkochen lassen und mit dem Kochlöffel an der Seite der Kasserolle so lange abrühren, bis die Glasur genügend dick ist und damit die Torte überziehen.
Zu dieser Torte gibt man geschlagenes Obers.

Immer wieder ein Erfolg!!!

Mohr im Hemd

6 Portionen

9 dkg Butter, 4 dkg Staubzucker, 3 Dottern, 6 dkg Schokolade, 1½ Semmeln, 6 dkg geriebene Nüsse, 5 dkg Semmelbrösel, 5 dkg Kristallzucker, Butter und Staubzucker für die Puddingform, Schokoladesauce, ¼ l Schlagober.

Butter und Zucker schaumig rühren, mit dem Dotter, der geschmolzenen und überkühlten Schokolade, den entrindeten, in Milch erweichten und ausgedrückten, passierten Semmeln, den Nüssen und Bröseln vermischen. Zum Schluß den mit Feinkristallzucker geschlagenen Schnee darunterziehen. In befettete, mit Staubzucker ausgestaubte Puddingform $3/4$ hoch füllen, im Wasserbad nicht ganz zugedeckt etwa 40 Minuten leicht kochen. Beim Anrichten mit Schokoladesauce übergießen, mit geschlagenem Obers an der Seite garnieren.

Schokoladesauce: 25 dkg Schokolade, 20 dkg Zukker, $1/4$ l Wasser.

Die Zutaten aufkochen, zu sauciger Konsistenz verrühren und einkochen lassen (etwa 5 Minuten). Sie wird über den heißen Pudding gegossen.

Rehrücken

14 dkg Butter, 17 dkg Zucker, 12 dkg Schokolade, 8 Dottern, 17 dkg Mandeln, 7 dkg Bröseln, Klar von 8 Eiern, Butter und Mehl für die Form, Schokoladenglasur wie bei Sachertorte, 3 dkg Mandeln.

Butter wird mit Zucker und erweichter Schokolade schaumig gerührt. Nach und nach die Dotter beigeben und lange rühren. Hierauf ungeschälte, geriebene Mandeln, Bröseln und den festen Schnee von Eiklar zusammenmengen. Das Gemenge wird in einer mit Butter ausgestrichenen, bemehlten Rehrückenform langsam gebacken, ausgekühlt, mit Schokoladenglasur überzogen und mit gestiftelten Mandeln gespickt. Man kann statt Mandeln auch Pignolienkerne nehmen.

Aus Brandteig

Brandteigkrapfen

Brandteig Grundrezept: $1/8$ l Wasser, 12 dkg Butter, Salz, 12 dkg Mehl, 4 Eier.

Wasser mit Butter und einer Brise Salz zum Kochen bringen. Das Mehl wird mit der Schneerute eingerührt und solange abgerührt, bis sich die Masse vom Geschirr gut löst. Vom Feuer ziehen, nach und nach die Eier einrühren und mit der Schneerute sehr kräftig verarbeiten.

Creme: 1/8 l Milch, 1 Eidotter, 2 dkg Zucker, 1 1/2 dkg Cremepulver, 1/4 l Obers.

Aus dem fertigen Brandteig dressiert man kleine Krapfen in der Größe eines kleinen Eis auf ein leicht befettetes Backblech, bestreicht sie mit Ei und bäckt sie bei geschlossenem Rohr zunächst bei starker Hitze etwa 10 bis 15 Minuten, drosselt dann die Hitze und läßt sie gegen Ende der Backzeit mehr trocknen als backen. Die Gesamtbackzeit beträgt ungefähr 20 Minuten. Die Krapferln müssen gut ausgebacken sein und sollen nicht zusammenfallen. Man schneidet die Krapfen quer durch die Mitte, füllt sie mit der Creme, setzt den Deckel wieder auf und bestreut die Krapfen mit Staubzucker.

Creme: 2/3 der Milch aufkochen, Zucker, Dotter, Cremepulver mit restlicher Milch gut verrühren und in die kochende Milch mit der Schneerute einrühren, einmal aufkochen lassen und wenn überkühlt durch ein Haarsieb passieren. Zum Schluß wird das Schlagobers vorsichtig daruntergemengt.

Spritzkrapfen

4 Portionen

1/8 l Milch, 3 dkg Butter, 8 dkg Mehl, Salz, 2 Eier, 1 TL Staubzucker, Backfett, Staubzucker mit ein wenig Zimt vermischt.

Milch, Butter und Salz läßt man aufkochen, das Mehl hineinschütten und mit der Schneerute glattrühren. Sobald der Teig glatt ist, auf kleinem Feuer mit dem Kochlöffel weiterrühren, bis er sich von diesem und dem Geschirr löst. Vom Feuer nehmen, überkühlen lassen, Eier, Rum und Zucker beigeben; gut verrühren. Auf ein befettetes Papier, das so groß sein muß wie die Fettbadoberfläche, ungefähr 5 cm große Ringe spritzen. Mit der Teigseite zuerst in heißes Fett legen. Durch die Dampfbildung läßt sich das Papier rasch abziehen. Die Krapfen wenden, hellbraun backen, herausnehmen, abtropfen lassen und mit Zimt und Staubzucker bestreuen. Dazu reicht man Weinchaudeau oder Himbeersaft.

Aus Topfenmasse

Topfenkuchen (aus Topfenmasse)

14 dkg Butter, 14 dkg Zucker, 5–6 Dottern, Schale von 1/2 Zitrone, 14 dkg Topfen, Klar von 5–6 Eiern, 14 dkg Mandeln, Butter und Mehl für die Form, Zucker zum Bestreuen.

Sehr flaumig gerührte Butter wird mit Zucker, Dottern, feingehackten Zitronenschalen, passiertem Topfen und geschälten, geriebenen Mandeln verrührt und zum Schluß der Schnee von Eiklar daruntergerührt. Dieses Gemenge wird in eine befettete und bemehlte Tortenform gefüllt und ca. 3/4 Stunden im Rohr langsam gebacken. Der fertige Kuchen wird mit Zucker bestreut.

Aus Grießmasse

Grießschmarrn

4 Portionen

1/2 l Milch, Salz, 25 dkg Grieß (grober), 10 dkg Butter, 3 dkg Zucker, Zucker zum Bestreuen.

In kochende Milch gibt man Salz, rührt den Grieß hinein und läßt ihn sehr dick einkochen. Man läßt in einer Pfanne Butter heißwerden, gibt die Grießmasse hinein und läßt sie zugedeckt ca. 1 Stunde lang ausdünsten, wobei man den Schmarrn öfters mit einer Gabel zersticht. Wenn er halb geröstet ist, wird der Zucker daruntergemischt. Der fertige Grießschmarrn soll lichtbraune Krusten bilden aber doch kernig und weich sein. Der fertige Grießschmarrn wird mit Zucker bestreut und mit Fruchtsaft oder Zwetschkenröster angerichtet.

Kindermehlspeise
Schneenockerl muß
leicht sein

Aus Eiweißmasse

Schneenockerl

4 Portionen

Klar von 4 Eiern, 10 dkg Zucker, 1/2 l Milch, Vanillecreme, Walderdbeeren.

In den steifen Schnee von Eiklar wird gesiebter Staubzucker leicht eingerührt. Aus dem Gemenge werden mit einem Eßlöffel große Nockerl geformt, die man in kochende Milch einlegt, nach einmaligem Aufwallen herausnimmt und in eine Schüssel legt. Die gekochten Nockerl werden mit Vanillecreme übergossen, kaltgestellt und mit frischen Walderdbeeren oder Himbeeren bestreut. wie ein Schneeflockerl

Schneetorte

Klar von 5 Eiern, 16 dkg Zucker, 16 dkg Nüsse (Walnüsse oder Mandeln), 5 dkg Zitronat, Butter und Mehl für die Form, Zucker zum Bestreuen.

Der steife Schnee von Eiklar wird unter leichtem Umrühren mit Zucker, geriebenen Nüssen und feingeschnittenem Zitronat vermengt, in eine befettete und bemehlte Tortenform gefüllt und sehr langsam gebacken (ca. 3/4 Stunden). Die Torte wird nach dem Auskühlen mit Zucker bestreut.

Cremes

Topfenoberscreme

15 dkg Zucker, 3 Dottern, 1/4 kg Topfen, Zitronenschale, Vanillezucker, 1/4 l Schlagobers.

Dotter und Zucker schaumig rühren, Topfen ganz fein passieren und unterziehen. Mit geriebener Zitronenschale und Vanille-

Gugelhupf: 1 Kg. Mehl 4 1/2 dg Germ 1/2 l. Milch, 1 dg Salz. Zitron. 40 dg. Butter 15 dg Zucker 10 Dotter 15 dg. Rosinen. Germ mit etwas lauwarmer Milch auflösen und Dampfel … Butter mit Zucker, Salz, Zitron sehr schaumig rühren, nach und nach die Dotter einrühren. Mit dem gegangenen Dampfel und Milch und Mehl mischen und sehr glatt abschlagen. Zum Schluß die Rosinen einmischen. Die Form mit Butter ausstreichen mit Mehl ausstauben, die Rippen mit halb. M… auslegen, den Teig bis über die Hälfte der Form einfüllen langsam gehen lassen und nicht zu heiß backen. Nach dem Backen noch heiß mit etwas Vanillezucker bestreuen.

Christ Stollen: 1 K. Mehl 5 dg Germ 10 dg Zucker 1 g … 35 dg Butter 4 g. Eier mit Milch zu festem glatten Teig verarbeiten. Etwas Zitron und Vanille. Dann kommen dazu 25 dg Rosinen, 25 dg Korinthen, … geschnittenes Zitronat und 25 dg geh. Orangenschalen, alles gut in Mehl gewälzt und vorgewärmt. Nun … der Teig längere Zeit rasten, wobei er öfter zusammengeklopft wird. Dann werden die Stollen geformt, etwas gehen gelassen und mit guter Unterlage, bei mittlerer Hitze gebacken. Nach dem Backen noch warm mit zerl. Naturbutter bestreichen und dicht mit Zimmtzucker bestreuen.

200 C. …

zucker abschmecken. Das Schlagobers steif schlagen und unter die Topfenmasse ziehen.

Anmerkung: Sehr kalt servieren. Kann mit Erdbeeren oder Himbeeren bestreut werden.

Vanillecremesauce (Grundrezept)

1/2 l Milch, Vanillegeschmack (halbierte Schote oder Vanillezucker), 12 dkg Zucker, 2 dkg Cremepulver oder Puddingpulver oder Maizena, 3 Dottern, 1/16 l Obers.

2/3 der Milchmenge mit Vanille aufkochen. Restliche Milch mit Maizena und Zucker sehr gut verrühren. Unter stetem Schlagen in die kochende Milch mit Schneebesen einrühren und aufkochen lassen. Vom Feuer ziehen und mit Eidotter und Obers legieren.

Schokoladensauce mit Himbeeren Berti

9 Dottern, 1/2 l Milch, 6 Blatt Gelatine, 1/2 l Schlagobers, 20 dkg Schokolade.

Dottern werden mit Milch im Schneekessel über Dampf zu einer dicken Creme aufgeschlagen (darf nicht kochen) und die erweichte Schokolade hinzugefügt. Nun kommen die in kaltes Wasser getauchten Gelatineblätter in die Creme und man verrührt diese mit der Schneerute, bis sie ganz aufgelöst sind. Wenn die Creme vollständig ausgekühlt ist, vermischt man sie leicht mit dem steifgeschlagenen Schlagobers. Dazu reicht man passierte Himbeeren.

Anmerkung: tiefgekühlte Früchte durchs Sieb passieren, damit keine Kerne darinnen sind.

Faschings Krapfen: 1 Kg. bestes Weizenmehl 5 dg Germ 1 dg Salz 10 dg. Zucker 18 dg. zerlassene Butter, 10 Dotter, Zitronen Rum gut 1/2 l. lauwarme Milch. Germ mit 1/3 der Milch auflösen mit Mehl ein ziemlich lockeres Dampferl ansetzen und aufgehen lassen. Inzwischen werden die Dotter mit etwas Milch dem Zucker, Salz, Rum und Zitrone am Feuer lauwarm aufgeschlagen. Wenn das Dampferl gegangen ist, wird das Aufgeschlagene und das übrige Mehl und Milch rasch darunter gemischt und die Masse wird sehr gut abgeschlagen. Dann wird der Teig an warmem Ort ausgerollt teils vorgestochen, teils ausgestochen. Das Vorgestochene wird mit dicker Marmelade gefüllt und die ausgestochenen Teile werden verkehrt (die dunklere Unterseite bleibt immer außen) darüber gelegt und rings um die Marmelade mit den Fingern niedergedrückt. Dann mit kleinerem Ausstecher ausstechen, wieder gestürzt auf mit Tuch bedecktes Brett setzen und mit leichtem Tuch bedecken. Gehen lassen und dann in heißem Schmalz (halb Schwein halb Rind oder auch aus Cocosnußfett) wieder gestürzt einlegen, mit Deckel zudecken, wenn hellbraun mit einem Hölzchen wenden (nicht mehr bedecken) und ausbacken.

Schmankerlcreme

6 Portionen

1 Ei, 2 dkg Zucker, 2 Gelatineblätter, 1/4 l Obers, 1 EL Rum, 4 dkg geriebene Nüsse, Hohlhippen, Erdbeer- oder Himbeersauce, Schlagobers zum Garnieren.

Ei wird mit Zucker und einem Eßlöffel Wasser vorsichtig über Dunst auf ca. 40 Grad warmgeschlagen, anschließend kalt schlagen. Die in kaltem Wasser eingeweichten, dann mit zwei Eßlöffel Wasser erwärmten Gelatineblätter beigeben, den Rum dazugeben und festgeschlagenes Obers einrühren, Nüsse und die zerdrückten, zerstückelten Hohlhippen daruntermischen. In Gläser füllen und stocken lassen. Man verziert mit geschlagenem Schlagobers und reicht dazu passierte Himbeeren oder Erdbeeren.

Notizen & weitere Rezepte:

fig . 10

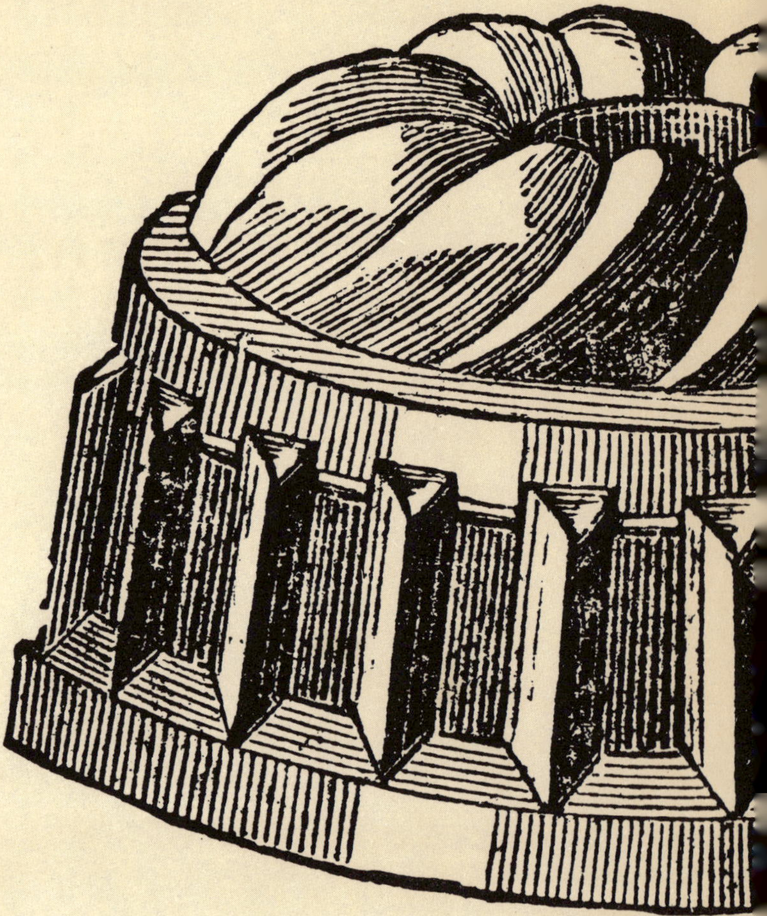

Anhang

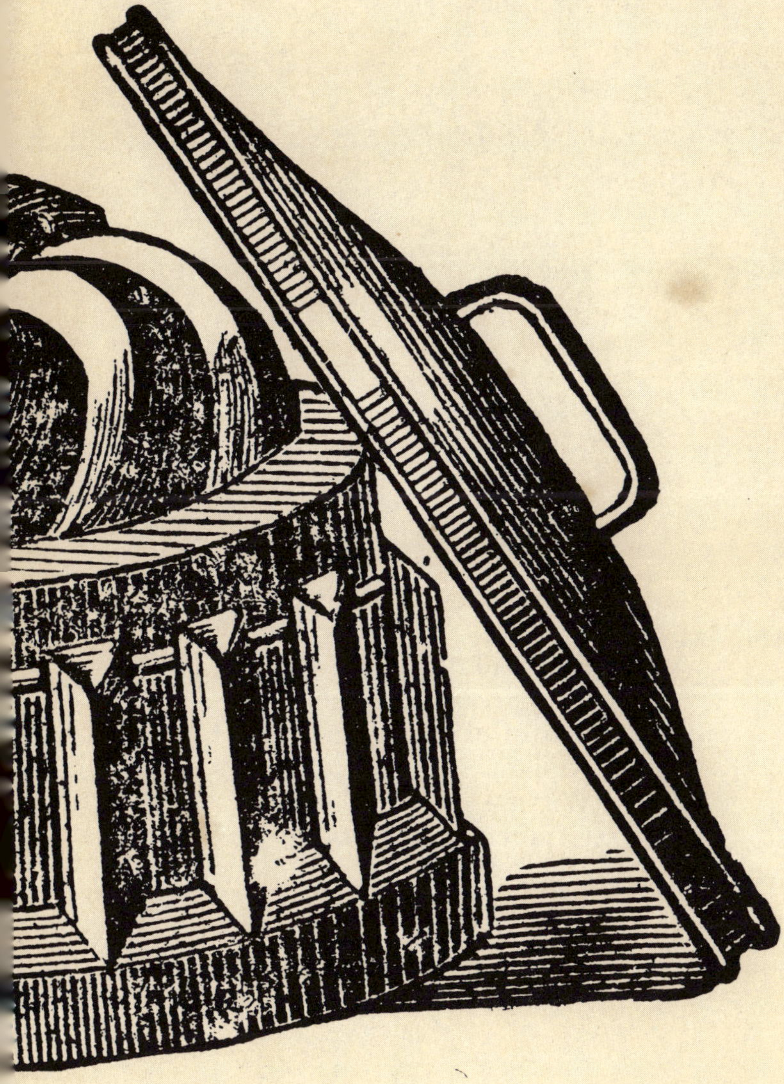

Kleiner Sprachführer

B

Beuschel – Herz und Lunge
Bähen – Rösten
Brösel – Paniermehl
Buchtel – Hefegebäck
Busserl – Plätzchen

E

Einbrenn – Mehlschwitze

F

Faschiertes – Hackfleisch
Fisolen – Bohnen

G

Germ – Hefe

H

Hasenjunges – Hasenpfeffer

K

Karfiol – Blumenkohl
Kipflerkartoffel – Längliche, speckige Kartoffel
Knödel – Klöße
Kohl – Wirsing
Krammeln – Grieben (ausgelassene Speckstücke)
Kraut – Weißkohl
Kren – Meerrettich

L

Lungenbraten – Lendenbraten

M

Marille – Aprikose

N

Nockerl – Spätzle
Nudelwalker – Rollholz

O

Obers – Sahne
Orange – Apfelsine

P

Paradiesäpfel, Paradeiser – Tomaten
Porree – Lauch
Püree – Mus
Preiselbeeren – Kronsbeeren

R

Rehrückenform – Kastenform

S

Saurer Rahm – Saure Sahne
Schlagobers – Geschlagene Sahne
Schneerute – Schneebesen
Schöpsenfleisch – Hammelfleisch
Semmel – Weißes Brötchen
Senf – Mostrich
Soße, Sauce – Tunke
Sprossenkohl – Rosenkohl
Sprudler – Quirler

Staubzucker – Puderzucker
Strudel – Hefezopf

T

Topfen – Quark
Tortenform – Springform

W

Weichsel – Sauerkirsche
Weitling – Rührschüssel

Z

Zwetschken – Pflaumen

Kleines Küchen-ABC

Abbröseln: Butter und Mehl mit den Fingern auf dem Nudelbrett zerreiben, bis beides zu kleinen Bröseln verbunden ist.
Abfetten, entfetten: Suppe oder Sauce vom Fett befreien.
Abschrecken, abfrischen: rasches Abkühlen von Gekochtem oder Blanchiertem, gekochte Teigwaren oder Gemüse werden mit kaltem Wasser übergossen.
Abtreiben: Butter abrühren, flaumig, schaumig rühren, ergibt den Abtrieb.
Anlaufen lassen, anschwitzen: Gemüse, Zwiebel, Fleisch etc. ohne Farbe nehmen zu lassen in wenig Fett erhitzen, bevor man aufgießt.
Aufgießen: nach dem Ablöschen mit Flüssigkeitsmenge versehen.
Aufschäumen: Butter bis zum Aufschäumen heiß werden lassen.

Binden, legieren: Saucen, Suppen, Gemüse usw. mit Mehl eindicken (stauben), damit die Speise dicklich bzw. molliger wird.

Deka (Gramm): abgekürzt »dkg« = 10 g

Einbrenn, Einmach: Wenn sie das heiße, in Butter oder Fett geröstete Mehl mit kaltem Wasser oder kalter Milch aufgießen, entstehen kleine Bröckerl. Im Gegensatz dazu müssen sie aber kalte Einbrenn mit heißer Flüssigkeit aufgießen. Die Einbrenn wird besonders glatt, wenn sie anstatt mit dem Kochlöffel mit der Schneerute umrühren. Einmach oder Einbrenn wird in Deutschland Mehlschwitze genannt. Wird das Mehl hell gehalten, spricht man von einer Einmach, wird das Mehl zu dunkelbrauner Farbe geröstet, spricht man von einer Einbrenn.

Kasserolle: niederer Kochtopf
Kilogramm: = 1000 g = 100 dkg = 2 Pfund

Mehl, glattes: sehr fein gemahlenes Weizenmehl (in einer Konditorei wird beispielsweise fast nur glattes Mehl verwendet).

Obers: süße Sahne, süßer Rahm. Schlagobers ist der zum Schlagen geeignete Rahm.

Passieren: durch ein Sieb etc. streichen (mittels des Passierholzes leicht durchdrücken = durchschlagen).

Reibeisen: Raffel
Rein: Kasserolle, flaches Kochgefäß; ein kleines Kochgefäß heißt »Reindl«.
Reißen: hobeln, auf dem Reißer (Krenreißer)

Schlagobers: geschlagene Sahne, Schlagsahne
Schöberl: gesalzenes Biskuit als Suppeneinlage

Alle in diesem Kochbuch verzeichneten Rezepte, in denen Fett angegeben wurde, kann man dieses durch Öl ersetzen und ist gesünder und kalorienärmer.

Notizen & weitere Rezepte:

Notizen & weitere Rezepte:

So, wie du dich bei Tisch benimmst,
Du selbst dir deinen Rang bestimmst,
Nicht was du ißt, nein wie du ißt,
Bekundet klärlich wer du bist.

Inhalt

Alphabetisches Inhaltsverzeichnis

Andrászy-Gulyás	43
Apfelkren	101
Apfelkuchen – mürber, Berti	116
Apfelspalten	112
Apfelstrudel – Alt Wien	120
Backhendel – Wiener Art	76
Backteig mit Milch	112
Beuschel – Wiener Art	45
Bischofsbrot	127
Blumenkohlsuppe	22
Böhmische Dalken	114
Böhmische Knödel	93
Bohnenbreisuppe – weiße	25
Bohnen, eingebrannte	82
Bohnensalat – Wiener Art	106
Brandteigkrapfen	133
Bröselknödel – Rindsuppe	14
Butterschnitzel	65
Champignons – gefüllt	38
Champignonspudding	37
Dampfnudeln	121
Dillkartoffeln	91
Dillsauce	98
Eierspeise – Wiener Art	30
Einmachhuhn	77
Einmachsuppe – feine	26
Ente – gefüllt	78
Erbsen – Wiener Art	85
Erdbeerkörbchen	117
Fiakergulasch	43
Fischbeuschelsuppe	20
Fisolen – grüne	82

Fleischstrudel – gebacken 40
Frühlingskäse – Berti 39

Gebackene Mäuse 123
Geflügelsuppe – klar 18
Gemüseauflauf 32
Germknödel 122
Girardi-Rostbraten 57
Grenadiermarsch 94
Grießschmarren 135
Grieß-Rindsuppe 13
Gulasch – Wiener Art 42
Gulaschsuppe 19
Gurken – gefüllte 34
Gurkensalat 106

Habsburger Suppe 26
Hasenbraten in Rahmsauce 74
Hasenjunges 75
Haussulz 48
Hecht mit Sardellenbutter 54
Hechtnockerln 31
Hirnpofesen 48
Hirschragout – »Wienerwald« 73
Hirschschnitzel 73
Hühnereinmachsuppe 20

Jungschweinschlegel, gebraten 66

Kaiserkoch 130
Kaiserschlegel 62
Kalbsbrust – eingemacht 63
Kalbsgollasch 44
Kalbsherz – gespickt 47
Kalbsnuß mit Rahmensauce – gespickt 63
Kalbsrücken – Wiener Art 62
Kalbsschwanzsuppe 19
Kalbsvögerl – gespickt 47
Karpfen – gebacken 55
Karpfen – gekocht 54

Kartoffelbreisuppe	24
Kartoffeln – eingebrannte	90
Kartoffeln – gestürzte	91
Kartoffelsalat	106
Kartoffelsuppe mit Rahm	25
Klosterneuburger Knödel	41
Knoblauchsauce	99
Knoblauchsuppe	21
Kochsalat	84
Kohl im Schöpfer	33
Kohl – Wiener Art	83
Kohlrabi – gefüllte	35
Kohlrabi – Wiener Art	84
Kohlschöberl – Rindsuppe	15
Krammelpogatscherl	124
Kräutersuppe	21
Krautfleckerl	42
Krautstrudel	36
Krautwürstchen	33
Kreneier	30
Kürbiskraut	86
Leberreis – Rindsuppe	17
Linsensuppe	25
Liptauerkäse	38
Lungenbraten – Wiener Art	58
Lungenbraten in Rahmsauce, gedünstet	59
Lungenstrudel – Rindsuppe	17
Maicremetorte	129
Mayonnaise – Hand	100
Mayonnaise – Mixer	100
Mayonnaisesalat	107
Marknockerl – Rindsuppe	14
Millirahmstrudel	120
Milzschöberl – Rindsuppe	16
Mohnstrudel	125
Mohntorte	126

Mohr im Hemd	132
Mürbteig – Grundrezept	114
Nockerl – Grundrezept	92
Nudelteig – Grundrezept	117
Nuß- und Mohnnudeln	118
Nußschaumtorte	131
Ochsenschlepp – Wiener Art, gedünstet	61
Omelette mit Champignonfülle	30
Palatschinken	112
Paprika – gefüllte	35
Paprikahühner	46
Paprikaschnitzel	64
Paradiesäpfeldunstkoch – Rindsuppe	17
Paradeiskraut	85
Paradeismayonnaisesalat – Berti	107
Paradeissauce – Wiener Art	98
Paradiesäpfelsuppe	23
Parmesanreis – Rindsuppe	17
Petersilienkartoffeln	90
Pilzlingsauce	99
Porreesuppe	24
Punschkrapferl	128
Rahmpalatschinken	113
Rahmschnitzel	64
Rehrücken in Rahmsauce	72
Rehrücken – süß	133
Reisfleisch – Serbische Art	46
Ribiselschnitten mit Schneehaube	114
Rinderbraten – Esterhaszy	60
Rindfleisch – gekocht	56
Rindsuppe – braun	13
Rindsuppe – weiß	12
Rostbraten – gerollt, Berti	58
Rostbraten – Wiener Art	56

Sacherkäse 39
Sachertorte 131
Sauerkraut – Wiener Art 85
Scheiterhaufen 130
Schinkenfleckerl 39
Schinkenkartoffeln 40
Schinkenschöberl – Rindsuppe 16
Schmankerlcreme 140
Schneenockerl 136
Schneetorte 136
Schnittlauchsauce 101
Schokoladencreme
Schokoladensauce mit Himbeeren Berti 138
Schwammerlsuppe 23
Schweinsbraten in Senfsauce 67
Schweinsrippchen mit Kräutern 66
Semmelkren 100
Serviettenknödel 93
Spargelsuppe 22
Speckgrießknödel – Rindsuppe 15
Spinatpudding 32
Spinat – Wiener Art 83
Spritzkrapfen 134
Stephanie-Cremetorte 127
Stollen – Berti 123
Strietzel 126
Strudelteig – Grundrezept 119

Tafelspitz – gedünstet 61
Tartarensauce – Wiener Art 101
Tellersulz – Wiener Art 49
Topfenhaluszka 41
Topfenkolatschen 124
Topfenkuchen 135
Topfenoberscreme 136
Topfentascherln 118
Tournedos – Maria Theresia 56
Tropfteig – Rindsuppe 13

Vanillecremesauce 138
Vanillekipferl 117

Wachteln – gebraten 76
Weichselrahmschnitten – Berti 115
Wiener Schnitzel 65
Wiener Tascherln 116
Wildschwein 72

Zeller – gebacken 37
Zellersalat 106
Zwetschkenkuchen 125
Zwiebelfleisch 44
Zwiebelnockerl 92
Zwiebelpüreesuppe 22
Zwiebelsauce 99

Wenn Sie sich für weitere Bücher aus unserem Verlag interessieren, schreiben Sie uns oder fragen Sie Ihren Buchhändler. Nachdem Sie dieses Buch kennengelernt haben, werden Ihnen sicher auch unsere anderen Titel zusagen, wobei Sie diejenigen, die wie das vorliegende Buch auch zur Landschaftsserie gehören, alle zu dem gleichen Preis erwerben können.

Vanillecremesauce	138
Vanillekipferl	117
Wachteln – gebraten	76
Weichselrahmschnitten – Berti	115
Wiener Schnitzel	65
Wiener Tascherln	116
Wildschwein	72
Zeller – gebacken	37
Zellersalat	106
Zwetschkenkuchen	125
Zwiebelfleisch	44
Zwiebelnockerl	92
Zwiebelpüreesuppe	22
Zwiebelsauce	99

Wenn Sie sich für weitere Bücher aus unserem Verlag interessieren, schreiben Sie uns oder fragen Sie Ihren Buchhändler. Nachdem Sie dieses Buch kennengelernt haben, werden Ihnen sicher auch unsere anderen Titel zusagen, wobei Sie diejenigen, die wie das vorliegende Buch auch zur Landschaftsserie gehören, alle zu dem gleichen Preis erwerben können.

In unserem Verlag sind erschienen:

Das Kochbuch aus Baden
Das Kochbuch aus Berlin
Das Kochbuch aus Bremen
Das Kochbuch aus der Eifel
Das Kochbuch aus Franken
Das Kochbuch aus Hamburg
Das Kochbuch aus dem Harz
Das Kochbuch aus Hessen
Das Kochbuch aus der Lüneburger Heide
Das Kochbuch aus Mecklenburg, Pommern und Ostpreußen
Das Kochbuch von der Mosel
Das Kochbuch aus München und Oberbayern
Das Kochbuch aus dem Münsterland
Das Kochbuch aus Niederbayern
Das Kochbuch vom Niederrhein
Das Kochbuch aus Niedersachsen
Das Kochbuch aus Nordfriesland
Das Kochbuch vom Oberrhein
Das Kochbuch aus Ostfriesland
Das Kochbuch aus der Pfalz
Das Kochbuch aus dem Ruhrgebiet
Das Kochbuch aus dem Saarland
Das Kochbuch aus Schleswig-Holstein
Das Kochbuch aus Schwaben
Das Kochbuch aus dem Schwarzwald
Das Kochbuch aus Westfalen

Das Kochbuch aus dem Burgenland
Das Kochbuch aus Niederösterreich
Das Kochbuch aus Oberösterreich
Das Kochbuch aus Salzburg
Das Kochbuch aus der Steiermark
Das Kochbuch aus Tirol
Das Kochbuch aus Vorarlberg
Das Kochbuch aus Wien

Das Kochbuch aus Basel
Das Kochbuch aus dem Bernbiet
Das Kochbuch aus Graubünden
Das Kochbuch aus der Innerschweiz
Das Kochbuch aus der Ostschweiz
Das Kochbuch aus dem Tessin
Das Kochbuch aus dem Wallis
Das Kochbuch aus der Westschweiz
Das Kochbuch aus Zürich
Das Kochbuch aus der Schweiz

Cookbook from Tyrol
Cooking in Switzerland
Cookbook from Berlin
Cookbook from Vienna